Guía para los
Padres

Preparación sistemática para educar bien a los hijos

Guía para los
Padres

Preparación sistemática para educar bien a los hijos

Don Dinkmeyer, Sr.
Gary D. McKay
Don Dinkmeyer, Jr.

STEP Publishers

STEP into Parenting

www.STEPPublishers.com
800-720-1286

Evans McCormick Creative, *Diseño/Composición*
Carolina International, *Traducción*
John Bush, *Caricatura*
Janet Jones, *Revisor de manuscritos para la edición español*
The Photography Group, *Fotografía de cubierta*

Capítulo 1: Los cuatro objetivos del mal comportamiento provienen de Rudolf Dreikurs and Vickie Soltz, *Children: The Challenge* (New York: Dutton, 1987).

Capítulo 2: La información sobre hermanastros viene de Don Dinkmeyer and Gary D. McKay, *Raising a Responsible Child, Revised* (New York: Fireside, 1996); las ideas de exijo, no lo soporto, me quejo, y culpo son de Gary D. McKay and Don Dinkmeyer, *How You Feel Is Up to You* (San Luis Obispo, CA: Impact, 1994) y también de Albert Ellis, *How to Stubbornly Refuse to Make Yourself Miserable About Anything—Yes, Anything!* (Secaucus, NJ: Lyle Stuart, 1988).

Capítulo 4: Los "mensajes en yo" vienen de Thomas Gordon, *P.E.T.: Parent Effectiveness Training* (New York: NAL-Dutton, 1975); las frases "me di cuenta" o "he notado" son de Jane Nelson, Lynn Lott, and H. Stephen Glenn, *Positive Discipline A-Z* (Rocklin, CA: Prima, 1993).

Capítulo 5: El dueño del problema es de Thomas Gordon, *P.E.T.: Parent Effectiveness Training* (New York: NAL-Dutton, 1975); pasos para la resolución de problemas provienen de Rudolf Dreikurs and Loren Grey, *A Parent's Guide to Child Discipline* (New York: Hawthorn, 1970); el frasco de tareas es de Don Dinkmeyer and Gary D. McKay, *Raising a Responsible Child, Revised* (New York: Fireside, 1996); las ideas para familias con solo la madre/el padre o para familias adoptivas provienen de Don Dinkmeyer, Gary D. McKay, and Joyce L. McKay, *New Beginnings* (Champaign, IL: Research Press, 1987).

Capítulo 7: La información sobre la tarea escolar y las consecuencias lógicas, vienen de Don Dinkmeyer and Gary D. McKay, *Raising a Responsible Child, Revised* (New York: Fireside, 1996); los conceptos sobre pandillas provienen de Don Dinkmeyer and Gary D. McKay, *Raising a Responsible Child, Revised* (New York: Fireside, 1996) and Jane Nelson, Lynn Lott, and H. Stephen Glenn, *Positive Discipline A-Z* (Rocklin, CA: Prima, 1993).

Reconocimiento de fotografías: Tapa: Steve McHugh, The Photography Group; Capítulo 1: Michael Pole, Westlight; Capítulos 2, 4 al 7: Cheryl Walsh Bellville; Capítulo 3: Frozen Images.

Impreso en los EE.UU.

ISBN 978-0-9795542-2-3

www.steppublishers.com

A B 0 9 8 7 6 5 4 3 2

Para todos los padres y guías de STEP, y para Rudolf Dreikurs, nuestro maestro, amigo y fuente de apoyo moral.

Juntos venimos enfrentando nuestra responsabilidad y desafío: la educación de los padres de familia es el derecho de todo niño.

Contenido

Otras obras de los mismos autores

The Effective Parent (Don Dinkmeyer, Gary D. McKay, Don Dinkmeyer, Jr., James S. Dinkmeyer, and Joyce L. McKay)

Parenting Teenagers: Systematic Training for Effective Parenting of Teens (Don Dinkmeyer and Gary D. McKay)

Parenting Young Children: Systematic Training for Effective Parenting of Children Under Six (Don Dinkmeyer Sr., Gary D. McKay, James S. Dinkmeyer, and Don Dinkmeyer, Jr.)

Systematic Training for Effective Teaching (STET) (Don Dinkmeyer, Sr., Gary D. McKay, and Don Dinkmeyer, Jr.)

Preparing Responsible and Effective Parents (PREP) (Don Dinkmeyer, Sr., Gary D. McKay, Don Dinkmeyer, Jr., James S. Dinkmeyer, and Jon Carlson)

Time for a Better Marriage (Don Dinkmeyer and Jon Carlson)

Raising a Responsible Child: How to Prepare Your Child for Today's Complex World (Revised 1996) (Don Dinkmeyer and Gary D. McKay)

Taking Time for Love: How to Stay Happily Married (Don Dinkmeyer and Jon Carlson)

The Encouragement Book (Don Dinkmeyer and Lewis E. Losoncy)

The Skills of Encouragement (Don Dinkmeyer and Lewis E. Losoncy)

Leadership by Encouragement (Don Dinkmeyer and Daniel Eckstein)

How You Feel Is Up to You (Gary D. McKay and Don Dinkmeyer)

Consultation in the Schools (Don Dinkmeyer, Jr., Jon Carlson, and Don Dinkmeyer, Sr.)

New Beginnings (Don Dinkmeyer, Sr., Gary D. McKay, and Joyce L. McKay)

Introducción

Creemos que ser un padre eficaz es una de las tareas que más satisfacción da en la vida. También es una de las más difíciles. Hay muchas teorías contrapuestas sobre la buena educación de los hijos, que se encuentran en libros, diarios, revistas y en la televisión. Nuestros padres, amigos, parientes y cónyuges también tienen sus propias ideas. ¡Es fácil desorientarse!

STEP *(Preparación sistemática para educar bien a los hijos)* ofrece una estrategia práctica para criar a los hijos. La *Guía para los padres* es una guía que apunta a una filosofía de la educación de los hijos que nosotros y *más de tres millones de padres* hemos encontrado eficaz. STEP le será útil a usted y a su familia, si aplica las ideas y las prácticas que se presentan en este libro.

Le sugerimos que se organice para dedicarle una semana a cada capítulo. Lea cada uno en el orden presentado. Durante esa semana, estudie las actividades y las tablas de dicho capítulo. Asegúrese de darse tiempo para hacer la actividad llamada "Esta semana". Las actividades "Sólo para usted" y "Para su familia" le ayudarán a usted y a su familia.

Muchos padres resuelven adherirse a un grupo de educación para padres STEP. Decenas de miles de grupos les han brindado a padres la oportunidad de analizar ideas y compartir experiencias.

Cuando usted estudie y aplique las ideas, se "graduará" de padre competente. Si desea seguir con ellas, STEP le ayudará a dar otros buenos pasos como padre. Las habilidades que aprenda podrán servirle de guía para formar un hogar feliz.

Don Dinkmeyer, Sr., Ph.D., Diplomado en Counseling Psychology, American Board of Professional Psychology; Diplomado, American Board of Family Psychology; Clinical Member, American Association for Marriage and Family Therapy

Gary D. McKay, Ph.D., psicólogo; Clinical Member, American Association for Marriage and Family Therapy

Don Dinkmeyer, Jr., Ph.D., Western Kentucky University; Licensed Marriage and Family Therapist

CAPÍTULO UNO

Cómo comprender *a* **su hijo** *y a* **usted mismo**

Es un miércoles por la noche. La mamá acaba de traer a sus hijos de la escuela y de la guardería. Ahora están en la tienda de comestibles. Guille lloriquea y sacude el carrito de compras. —No quiero frijoles guisados. ¡Son asquerosos! ¡Quiero coditos con queso!

Clarita está cansada y de mal humor. Tiene tos y le corre la nariz. La mamá también se está poniendo de mal humor. Le duele la cabeza. No sabe cómo se las arreglará si Clarita se enferma y mañana no puede ir a la escuela. No se acuerda qué tenía que comprar para la cena y espera que le alcance el dinero para pagar lo que compre.

Clarita le da un empellón a su hermana Rebi y la manda contra una pila de botellas de jugo. Las botellas de plástico ruedan por todo el piso. Rebi da un grito y empieza a llorar. La mamá respira hondo y cierra los ojos. Se pregunta, —¿Por qué tiene que ser todo tan difícil?

Muchos de nosotros sabemos cómo se siente esta mamá. Diariamente hacemos malabarismos con el trabajo, los hijos, los problemas de dinero y las tareas de la casa. Nuestro tiempo y nuestra paciencia no dan más. Queremos hacer lo que sea mejor para la familia. Y, sin embargo, no sabemos cómo. Muchas veces nos sentimos abrumados y solos. ¡Pero no tenemos por qué sentirnos solos!

Como padres, tenemos un lazo común: nuestros hijos. La mayoría de nosotros compartimos una meta común. Criar hijos que sean felices, sanos, seguros de sí mismos, cooperadores y responsables. Formar una sólida relación de familia que dure toda la vida. Ayudar a que los hijos se conviertan en adultos responsables. Criar a hijos que sepan dar y recibir amor.

He aquí lo que aprenderá . . .

- Su desafío como padre o madre es criar un hijo seguro de sí mismo y responsable.

- Su trabajo es guiar, no castigar o hacer todo por su hijo.

- Usted puede esperar que su hijo coopere.

- La conducta de su hijo siempre tiene un propósito.

- Su familia puede trabajar, jugar y crecer unida.

Las habilidades para educar bien a los hijos se pueden aprender

La buena noticia es que usted *puede* satisfacer las exigencias de la buena educación de los hijos al:

- aprender cómo crecen y se comportan los hijos
- aprender maneras eficaces y positivas para tratar con el mal comportamiento
- tener la habilidad de alentar a su hijo
- descubrir maneras de escucharse mutuamente y hablar con sinceridad

Es cierto que ser padre o madre no es fácil. Pero en la vida, ninguna cosa importante lo es.

¿Cómo aprendió usted a leer? ¿Empezó de golpe? ¿O más bien alguna persona—un maestro, su padre, su hermana o hermano—se puso a su lado para ayudarle a entender las letras y los sonidos?

¿Cómo aprendió a andar en bicicleta? ¿Se montó como si nada y salió pedaleando? ¿O es que alguien le sostuvo el asiento de la bicicleta y le daba consejos mientras usted practicaba?

No fue fácil aprender a leer ni a andar en bicicleta. Cada habilidad llevó esfuerzo, tiempo, paciencia y entrenamiento. Para adquirirla, necesitó ayuda.

Al igual que leer o andar en bicicleta, ser padre o madre es una habilidad que usted puede aprender, practicar y perfeccionar.

El trabajo importante de ser padres

Hace años que los maestros, los consejeros y el personal de guarderías para niños vienen recibiendo capacitación para poder desempeñar bien su trabajo. Sin embargo, la idea de que los padres de familia necesitan educación para ser mejores madres y padres no era muy difundida.

Esto ya no es así. La sociedad ha comenzado a valorar cada vez más el trabajo de los padres. Al fin y al cabo, ¡los padres son las personas más importantes en la vida de los hijos!

Usted puede elegir muchas maneras de criar a su hijo. Pero mientras se decide por una, lo más importante es que tenga presente estas exigencias para educar bien a los hijos:

- **criar un hijo que sea feliz, sano, seguro de sí mismo, cooperador y responsable**
- **formar una sólida relación con su hijo que dure toda la vida**
- **ayudar a que su hijo llegue a ser un adulto responsable**
- **criar un hijo que sepa dar y recibir amor**

Evaluar la situación

¿Cómo se siente por ser padre o madre? Piense cómo se siente usted en este momento.

- **Si se siente bien, ¿por qué? ¿Qué es lo que está haciendo que le da gusto? ¿Cómo puede mantener esa sensación de bienestar?**

- **Piense en por lo menos una cosa que hoy le da satisfacción. ¿Por qué le resulta buena? ¿Cómo podría hacer más de esa misma cosa buena?**

STEP puede ayudarle a elegir los métodos que sean apropiados para usted y su hijo. Este libro expone un plan *práctico y factible* para usted. Le ayudará a encontrar los métodos para satisfacer el reto de educar bien a sus hijos, poco a poco. A medida que practique lo que le enseña STEP, su habilidad y confianza irán en aumento.

En este capítulo aprenderá algo sobre sí mismo al analizar estas dos preguntas:

- ¿Qué me gusta de lo que hago?
- ¿Qué quisiera cambiar?

También aprenderá algunas cosas sobre su hijo:

- ¿Qué puedo esperar de mi hijo?
- ¿Qué cualidades de mi hijo son muy especiales para mí?
- ¿Por qué se porta mal mi hijo?
- ¿Cómo puedo ayudar a mi hijo para que sepa elegir cómo actuar bien?

Y también aprenderá maneras de hacer más unida a la familia:

- ¿Cómo podemos demostrarnos amor y respeto mutuo?
- ¿Cómo podemos divertirnos más juntos?

¿Qué estilo de educación de los hijos me ayudará a alcanzar mis metas?

Usted tiene una manera especial de actuar con su hijo. Lo podría definir como su *estilo de educar*. Hay muchos estilos de educación de los hijos. Los tres más comunes son:

- **Dar órdenes.** Este estilo pone límites que no son razonables. Les da a los hijos poca o ninguna libertad.
- **Darse por vencido.** Este estilo les da a los hijos mucha libertad pero ningún límite.
- **Dar opciones.** Con este estilo, los padres contribuyen a que los hijos conozcan el equilibrio entre la libertad y los límites.

Veamos con detenimiento estos tres estilos. Son pocos los que adoptan un estilo único. Pero cada uno de nosotros tiende hacia un enfoque. Mientras va leyendo, piense en su propio estilo paternal. Pregúntese:

- ¿De qué manera me servirá mi estilo para satisfacer las exigencias de educar bien?
- ¿Qué puedo cambiar para que me ayude a resolver tales exigencias?

- ¿Cuáles son los límites razonables para mi hijo? ¿Qué es una libertad razonable?

Dar órdenes

Generalmente, este estilo de educación se llama *autoritario*. Los padres son estrictos. Establecen demasiadas reglas. Se supone que los hijos deben obedecerlas al pie de la letra. Con frecuencia, los padres estrictos recompensan y castigan a los hijos a fin de tenerlos a raya.

¿Qué aprenden los hijos?

Las recompensas inducen a los hijos a esperar un pago por "ser buenos":

Cuando Tomasito tenía 7 años, su mamá quería que guardara silencio mientras dormía su hermanito bebé. Como recompensa, le daba un refresco gaseoso. Cuando tenía nueve, la mamá necesitaba que Tomasito jugara con su hermanito mientras ella estudiaba. Como recompensa, le permitía a Tomasito y a su amigo que compraran pizza por teléfono. Ahora Tomasito tiene 11 años. Su mamá necesita que él cuide al niño después de la escuela. Tomasito quiere una recompensa: una pasadora de discos compactos.

Es posible que los hijos cumplan reglas estrictas para evitar problemas o castigos. Al hacer esto suelen aprenden a satisfacer a los padres. También pueden aprender a tenerles miedo.

Puede ser que no aprendan a pensar por sí mismos. Más bien, esperan que los amigos u otras personas les digan qué deben hacer. Y los amigos no siempre dan buenos consejos.

Moria tiene 8 años. Olvidó sus guantes en la escuela. Su papá le gritó. Al día siguiente, Moria se olvidó de traer a casa la hoja de autorización para hacer una excursión. Su papá se puso realmente furioso. Le dijo, —¡No hay excursión para ti!

Unos días más tarde, Moria recibió su tarjeta de calificaciones. Vio unas marcas donde decía "necesita mejorar". Moria le dijo a una amiga qué enojado se iba a poner su papá. La amiga de Moria le dijo, —¿Por qué no borras las marcas y listo? Moria pensó que era una buena idea.

Cuando a los hijos se los castiga por "ser malos" pueden llegar a sentir rencor por los padres. Con frecuencia encuentran la manera de desquitarse. Algunos hijos se rebelan contra los padres estrictos a una tierna edad. Otros se suelen rebelar cuando son mayores.

Cuando los hijos desobedecen, los padres estrictos suelen gritar, culpar y hasta pegarles a los hijos. A su vez, los hijos se sienten indefensos. Necesitan recuperar un sentido de orden. Para lograr esto, es posible que, al estar con otros niños, imiten las acciones de sus padres. Ven que los adultos resuelven los problemas a gritos y con violencia. Pueden llegar a creer que los gritos y los golpes son los medios apropiados para resolver problemas.

- **Los hijos necesitan confiar en los padres, en vez de temerles.**
- **Los hijos necesitan la oportunidad de elegir. Esto les permitirá conocer los límites y la responsabilidad.**
- **Los hijos necesitan ver que las palabras calmadas son los medios para resolver problemas, y no los gritos y los golpes.**

El método autoritario no contribuye a crear confianza. No da libertad ni opciones. No le enseña a los hijos a usar palabras para resolver problemas.

Darse por vencido

El darse por vencido se llama también, una educación tolerante. Los padres muy *tolerantes* no establecen límites o, si los han fijado, los cambian con frecuencia. Los hijos crecen sin normas firmes. Los padres se dan por vencidos ante cualquier demanda de los hijos. A estos niños los solemos llamar *malcriados*.

Una libertad sin límites es generalmente un problema para todos. ¿Por qué? Porque la sociedad establece límites. Los hijos que no tienen límites en su comportamiento tendrán dificultad para aprender cómo comportarse en nuestra sociedad.

¿Qué ocurriría si no hubiera reglamentos de tránsito? ¿Qué pasaría si todos los que conducen automóviles lo hicieran como se les de la gana, yendo en sentido contrario, por el medio, sin parar, a cualquier velocidad? Los resultados serían una infinidad de choques. ¡Y, ciertamente no podríamos llamarlos "accidentes"!

A los hijos sin límites les cuesta aprender cómo comportarse con otras personas.

¿Qué aprenden los hijos?

Sin límites, es muy probable que los hijos tengan más problemas, o "colisiones" mientras aprenden el concepto de la responsabilidad. Es posible que tengan dificultades para convivir con los demás. Se acostumbrarán a hacer como les plazca. *No* aprenderán a apreciar los sentimientos ni los derechos de los demás. No reconocerán que tenemos obligaciones con el prójimo.

- **Los hijos necesitan límites. Estos les ayudan a saber elegir.**
- **Los hijos tienen que saber que los demás también son importantes.**
- **Si deseamos criar hijos para que sean adultos responsables, debemos comenzar por ayudarles a ser niños responsables. Si no establecemos límites no podremos satisfacer las exigencias de educar bien.**

Dar opciones

¿Qué método de educación nos *ayudará* a criar hijos responsables? Consideremos un método *democrático.* El método democrático no favorece la indisciplina. Equilibra la libertad, o los *derechos,* con los límites, o las *responsabilidades.* Apunta a facilitarle a los hijos cómo ser responsables por medio de dos cosas:

- dándoles límites a los hijos
- dándoles opciones a los hijos dentro de dichos límites

¿Cómo pueden hacer esto los padres? Los padres democráticos animan a sus hijos a que tomen decisiones por su cuenta. También les piden a los hijos su opinión sobre decisiones de la familia. Esto les demuestra a los hijos que sus padres respetan su opinión.

Catita tiene 11 años. Quiere quedarse a dormir en la casa de Beatriz el viernes por la noche. Quiere ir al cine con Ana y Yolí el sábado por la noche. El papá de Catita le dice, —Es muy lindo tener tantos amigos y tantos planes. Pero dos noches seguidas son demasiado. Podrías ir el viernes o el sábado. ¿Qué te parece?

Un domingo por la tarde, Vanessa y Leroy querían hacer algo divertido para los chicos. Les pidieron a los chicos que eligieran entre ir a la playa o al museo de niños. Carlitos eligió la playa. Tito eligió el museo. Los muchachos no se ponían de acuerdo. Leroy dijo, —A veces es difícil ponerse de acuerdo. ¿Cómo podemos resolver esto? Tito sugirió, —Elijamos suertes. Carlitos dijo, —Muy bien. Leroy respondió, —La pajita más corta gana. Y entonces, la próxima vez, iremos al otro lugar.

Dar opciones es también una manera de ayudar a los hijos a ser más responsables.

Corey tiene 9 años y nunca se quitaba los zapatos llenos de barro cuando entraba en la casa. El papá le dijo, —Corey, por favor quítate los zapatos porque de lo contrario tendrás que limpiar las huellas que dejas en el piso. Tú eliges. Un día Corey no se sacó los zapatos. Entonces su papá le dio una esponja y un balde de agua. En el próximo día de lluvia, Corey se acordó de quitarse los zapatos.

¿Qué aprenden los hijos?

Cuando los hijos toman parte en las decisiones, aprenden que lo que resuelven tiene importancia. También se dan cuenta que algunas decisiones acarrean responsabilidad. ¿Significa esto que todas las decisiones dependerán de su hijo? No. Esto quiere decir que usted le permite decidir a su hijo cuando sea posible.

Queremos enseñarles a nuestros hijos que sepan cooperar y que sean responsables. Un estilo democrático de educación nos ayudará a lograr eso.

Más adelante en STEP aprenderá otros métodos de dar opciones. Descubrirá nuevas maneras de aplicar la disciplina sin recompensas ni castigos. Verá cómo el mal comportamiento es una elección. Aprenderá modos de ayudar a sus hijos a que asuman la responsabilidades de sus decisiones.

¿Qué puedo esperar de mi hijo?

Antes de que podamos establecer límites y dar opciones, tenemos que determinar qué es lo que razonablemente podemos esperar de nuestros hijos. Cada niño posee una combinación única de rasgos y comportamientos. Algunos no se podrán cambiar. Por ejemplo, el niño tendrá que ser varón o mujer. Hay niños que son más sensibles, otros son empecinados. Algunos rasgos podrán aumentar o podrán disminuir pero seguramente no van a desaparecer. Algunos rasgos que notamos hoy podrán cambiar en cuestión de semanas o meses.

También hay otros factores que afectan la manera de crecer y de comportarse de los hijos. Cuatro factores importantes son:
- el temperamento
- la herencia y el medio
- expectativas de conducta para los niños y las niñas
- la edad y las etapas del crecimiento

Estos factores pueden confundirnos cuando tratamos de comprender qué podemos esperar del comportamiento de nuestros hijos. Veamos cada uno de ellos.

El temperamento

El *temperamento* constituye un estilo de conducta. Cada niño tiene un temperamento propio. No hay relación entre el temperamento y el grado de inteligencia o talento de un niño. Se relaciona con las cualidades individuales con las que nace el niño.

Ofrecer una opción

Piense en una opción que le podría ofrecer a su hijo. Esté seguro que es algo que usted puede aceptar. Las opciones dependerán de la edad y madurez de su hijo. He aquí algunas ideas:

- "Para la cena podemos comer panqueques o pasta. ¿Qué eliges?"

- "Puedes elegir cualquier camisa que cueste menos de doce dólares".

- "Puedes elegir uno de tus juegos de cartas para que juguemos esta noche".

- "Tienes tarea de inglés y de matemáticas. ¿Cuál te gustaría hacer primero?"

Hay niños que son activos, otros son más tranquilos. Algunos necesitan dormir mucho, otros menos. A algunos les gusta estar rodeados de gente. A otros les gusta estar solos.

Margarita y Consuelo tienen 10 años cada una. Margarita tiene un grupo grande de amigos. Le gusta mucho ir en bicicleta, nadar y jugar a la pelota con sus amigos. A Consuelo le gustan los rompecabezas y los pasatiempos. Ella y su amiga Betina pasan su tiempo libre en la biblioteca donde usan las computadoras.

Cuando reconocemos y aceptamos el temperamento, comprendemos mejor. Esta nos permitirá gozar de nuestros hijos. Nos ayudará a guiarlos de una manera que se adapte a ellos.

La herencia y el medio

La *herencia* se refiere a los rasgos característicos "de familia". Un niño nace con estos rasgos. Muchos rasgos físicos son hereditarios, como el color de los ojos y la altura.

Hay quienes piensan que la conducta se hereda. Otros creen que se deriva del *medio* del niño como la gente, los sitios y acontecimientos que forman la experiencia del niño. Los expertos han debatido este tema por muchos años:

- Si la conducta se hereda, ¿por qué los hijos de una familia actúan de manera tan diferente?
- Si ésta depende del medio ¿por qué los niños se comportan de manera diferente en situaciones iguales?

Tanto la herencia como el medio influyen en la manera cómo se comportan nuestros hijos. No podemos cambiar la herencia. Sin embargo, a medida que vamos orientándolos, debemos tener presente que el medio del niño es lo más fácil de modificar.

José tiene 8 años. Sus padres están divorciados. José se queda en casa de su mamá una semana y en casa de su papá la semana siguiente. Hace este cambio los domingos por la noche. José se siente feliz con ambos. Por lo general es un muchachito feliz. Los domingos por la mañana, José empieza a hablar a los gritos y está de mal genio. Discute y se queja. Patalea e insulta a sus padres. Se porta igual tanto en la casa de su papá como en la de su mamá.

El papá y la mamá de José deciden hablarle a José. Los tres se reúnen una noche en un restaurante de comidas rápidas. La mamá le dice a José, —Parece que los domingos te resultan muy difíciles. José dice, —Odio tener que irme. Quiero estar con ustedes dos. El papá dice, —Lo siento, José, pero eso no es posible. De todos modos, tu mamá y yo queremos ayudarte. Y a nosotros también nos gustaría disfrutar de los domingos. ¿Hay algo que podría hacerte más fáciles los domingos?

José dice, —Odio tener que irme cuando me siento tan cómodo después de cenar. Los padres de José hablan con él un rato más. Los tres resuelven que van a hacer algo distinto. Van a hacer el cambio los lunes por la mañana en vez de los domingos por la noche. Pronto el comportamiento de José de los domingos es mejor. Todos disfrutan más del fin de semana.

Los padres de José lo podrían haber dejado que se portara mal. Fueron inteligentes y trataron de averiguar cuál era el problema. Esto le mostró a José que lo que él sentía era importante. El cambio del medio le permitió a José elegir un mejor comportamiento.

Expectativas de conducta para los niños y las niñas

Un *papel* es una expectativa de conducta. Cada cultura tiende a dar papeles diferentes a los niños y a las niñas.

A través de los años, las ideas que tiene nuestra sociedad de los papeles de los niños y las niñas ha ido cambiando bastante. Así y todo, los niños siguen recibiendo mensajes de sus padres, de otros adultos y de otros niños sobre lo que significa ser un chico o una chica.

Al fin de una película, Renata, de 9 años de edad, dijo, —Me puse a llorar cuando el chico se cayó del árbol. Su mamá dijo, —Yo también. ¡Qué triste fue!

Después de la misma película, Benito, de 9 años lloriqueaba y se secaba los ojos. Su mamá riéndose de él le preguntó, —¿Por qué estás llorando? Eres un chico grande, y esto es sólo una película.

Como padres, no debemos permitir que las ideas de la sociedad sobre los comportamientos de cada sexo nos dicten qué debamos esperar de nuestros hijos. Tenemos que tener mucho cuidado de no permitir que estas ideas excusen el mal comportamiento de nuestros hijos. Los padres deben esperar que los niños y las niñas ayuden en la cocina, el lavadero o en el cuidado de los más pequeños. Les pueden enseñar, tanto a las niñas como a los niños, que golpear a los demás está mal y que llorar está bien.

La edad y las etapas del crecimiento

Los niños pasan por amplias etapas de *desarrollo*. Podemos esperar ciertas habilidades y comportamientos de acuerdo a las diferentes edades.

La abuela no espera que Javier, que tiene 7 años, lave la ropa solito. Pero sí espera que la ayude a doblarla y a guardarla.

El papá no espera que Esteban, que tiene 12 años, se vaya a la cama a las ocho de la noche. Pero sí espera que comprenda la importancia que tiene dormir el tiempo suficiente.

Cada niño o niña se desarrolla a su propio ritmo.

Lucía, que tiene 8 años, todavía cree en Santa Claus. Su amigo Carlos, que tiene la misma edad, no cree.

Matilde y Juanita son muy buenas amigas. Las dos tienen 11 años. Matilde no entiende por qué Juanita se arregla el cabello y siempre llama a los chicos. Cuanto mejor sería si a Juanita todavía le gustara jugar a los espías y pasear a su hermanito en el cochecito.

La comprensión de estas etapas les ayuda a los padres a saber qué pueden esperar. Pero, también es importante establecer que eso de "pasar por una etapa" *no puede justificar* el mal comportamiento, *ni limitar* las expectativas.

Gregorio, que tiene 11 años, está en la sala con sus amigos. Están jugando y están diciendo malas palabras. La mamá de Gregorio sabe que es normal que los chicos aprendan y "practiquen" esas palabras. Sin embargo, le dice a su hijo y a sus amigos, "Usar malas palabras es de mala educación. Se pueden quedar y jugar si no usan ese vocabulario. Pero, si escucho más malas palabras, entonces voy a interpretar que es porque quieren irse a sus casas".

Espere la cooperación de su hijo

El temperamento, la herencia, el medio o ambiente, el papel de los sexos, la edad y las etapas del crecimiento afectan la conducta de los hijos. Pero estos factores no son los únicos. Los hijos pueden actuar de maneras muy distintas.

Con frecuencia, los padres observan la conducta negativa de los hijos y simplemente mueven la cabeza en desaprobación. Dicen:

- "Su padre es exactamente igual".
- "Es una niña, es muy sensible".
- "¿Tiene diez años? ¡Cuidado que las hormonas empiezan a dominar!"
- "¿Y qué se puede esperar de un muchachito de 12 años?"

Algunos padres se han resignado a aceptar el mal comportamiento como algo "normal". Esperamos que ocurra y lo aceptamos porque creemos que no podemos hacer nada para evitarlo.

A Rafael no le gusta que su hermanito lo siga a la cancha de básquetbol. ¡Y se lo hace notar a su madre! —¿Por qué siempre tengo que cargar con Felipe? La mamá necesita que la dejen tranquila por unos momentos para que pueda hablar por teléfono y pagar unas cuentas. Pero se da por vencida y se queda con Felipe en casa.

Esperar cooperación

Busque la manera de mostrarle a su hijo que usted espera cooperación. Podría decir algo así:

- "Por favor ayúdame a preparar la cena. Me gustaría escuchar algo más de tus planes".
- "¡Fíjate cómo mueve la cola Ernie! Sabe que estás por llevarlo a dar una vuelta".

Piensa para sí, "Creo que uno no puede esperar que un niño de doce años tenga tiempo para uno de seis años".

Las expectativas son poderosas. Por lo general, los hijos se dan cuenta de nuestras expectativas. Cuando las intuyen, sean éstas buenas o malas, intentan llevarlas a la práctica. Esto significa que si *esperamos* un mal comportamiento, es posible que lo estemos *provocando*. ¿No tiene más sentido, entonces, esperar cooperación?

La mamá de Rafael tiene derecho a que la dejen en paz . Puede esperar que Rafael entienda esto y coopere. También comprende que, a su vez, Rafael necesita una oportunidad de estar a solas con sus amigos. Le podría decir a su hijo, "Necesito que me ayudes esta noche, Rafael. Mañana en la noche me quedo yo con él".

Por supuesto que esperar cooperación no garantiza que la consigamos. Pero, con el tiempo le va a ayudar a su hijo a volverse más seguro y responsable.

¿Por qué se comporta mal mi hijo?

Usted podrá decir, "De acuerdo, es bueno analizar mi estilo de crianza. También es bueno saber lo que puedo esperar. ¡Pero yo sigo teniendo un hijo que se porta mal! ¿Por qué? ¿Qué puedo hacer al respecto?

Es normal no saber por qué se comporta mal su hijo. Hay una razón en casi toda conducta.

Los hijos necesitan ser aceptados

Los hijos necesitan sentir que se los acepta. Para lograr esto, podrán recurrir al buen o al mal comportamiento. Es muy importante comprender cómo los hijos buscan ser aceptados. Si lo consigue, le ayudará a ser un padre o una madre más eficaz.

A veces los hijos logran que se les reconozca al comportarse mal

Rudolf Dreikurs descubrió que cuando los niños se comportan mal, es que están *desanimados*. Quieren sentirse integrados a la familia, pero no creen que puedan participar de una manera útil. Descubren que el mal comportamiento les da resultados. Les permite sentirse partícipes.

Cuando los niños no logran sentirse partícipes por medio de una conducta positiva, tratan de conseguir dicha participación por medio de cuatro tipos comunes de mal comportamiento. Dreikurs los llamó los cuatro objetivos del mal comportamiento.

El niño que se comporta mal, es un niño desanimado.
Rudolf Dreikurs

Comprender estos objetivos nos permitirá saber qué quieren los niños cuando se portan mal. Lo cual nos facilitará ver cómo guiar a los hijos hacia un comportamiento positivo.

Los cuatro objetivos del mal comportamiento

Cuando los niños se comportan mal, tienen un objetivo. Les parece que la única manera de sentirse aceptados es por medio de:

- **la atención**
- **el poder**
- **la venganza**
- **la demostración de incompetencia**

La atención

Todos los niños necesitan *atención*. Pero hay niños que parecen necesitar atención constantemente. Si les parece que no pueden conseguir la atención de un modo útil, entonces la buscan portándose mal.

El niño que se porta mal para conseguir atención hará algo que irrite a su padre. El padre interviene para corregir el mal comportamiento. El hijo ha conseguido su atención. Todo parecerá andar bien por un rato. Pero no pasará mucho antes de que el niño quiera más atención.

A veces los hijos buscan la atención más discretamente. Tal vez el niño no haga nada, a la espera de que lo atiendan. A esto lo llamamos el mal comportamiento *pasivo*. Es también un pedido de atención.

Los niños buscarán atención cuando el padre o la madre estén hablando por teléfono.

¡Papá! ¡Mira!

El poder

Hay niños que creen que sólo pueden participar cuando se convierten en "el que manda". Estos niños buscan el objetivo del *poder*. El hijo que busca el poder le está diciendo al padre "Yo mando", "¡Tú no me mandas!", o también, "¡Te conviene que hagas lo que yo quiero!". Puede expresarle esto a los padres, a gritos o con pataleo. O bien, el niño puede rehusarse a ceder, quedándose tercamente en silencio.

Hay niños que quieren salirse con la suya pataleando en público.

Cuando un hijo quiere el poder, el padre se enoja. Si el padre empieza a discutir con el hijo, el hijo le contesta. Si el padre se da por vencido, el hijo ha ganado la puja del poder y entonces deja de portarse mal.

A veces el hijo hace lo que el padre quiere, pero lo hace muy despacio o mal. Ésta es una forma del poder pasivo. El hijo está diciendo, sin usar palabras, "Está bien, lo hago para sacarte de encima. Pero lo voy a hacer *como quiero*. No me puedes obligar a hacerlo a *tu manera*".

La venganza

Hay hijos que quieren ser los que mandan pero no pueden ganar en la puja del poder con los padres. Estos hijos llegan a la conclusión que la mejor manera de participar es desquitarse de los padres. Dreikurs llama este objetivo, la *venganza*. Un hijo que quiere la venganza puede decir o hacer algo que hiere. O el hijo puede quedarse mirándolo al padre con mala cara. De todos

El hijo que busca la venganza tratará de herir al padre.

modos, el padre se siente herido y enojado y trata de desquitarse. El resultado es muchas veces una "guerra" de venganza que va en aumento. Tanto el hijo como el padre se sienten heridos y disgustados.

Demostrar incompetencia

Hay niños que simplemente se rinden. Para ellos, la manera de sentirse aceptado es conseguir que los demás lo dejen tranquilo. Su conducta dice, "No puedo hacerlo". Dreikurs llama esto, *demostrar incompetencia*. Cuando el hijo se da por vencido, el padre también

Los hijos que demuestran incompetencia se han dado por vencidos.

tiene ganas de darse por vencido. Cuando pasa esto, el hijo ha logrado su objetivo. El padre acepta no esperar nada del hijo.

Para la mayoría de los niños, esta incompetencia no es total. Por lo general se da en algunas áreas de la vida del niño. Puede ser en las tareas escolares, en los deportes, o en otras actividades sociales. Puede darse en cualquier área en la que el niño se siente incapaz de tener éxito.

Los hijos no saben que su mal comportamiento tiene un objetivo. También los hijos pueden usar la misma conducta para conseguir objetivos diferentes. Tenga presente que los padres no causan el mal comportamiento de los hijos. Sin embargo, con nuestra propia conducta, podemos reforzarlo. El secreto para conocer el objetivo es examinar estas tres claves: cómo se siente usted, qué hace usted, y cómo reacciona su hijo.

¿Cómo puedo crear una mejor relación con mi hijo?

Una manera de ayudar a los hijos a que participen es concentrarse en la creación de relaciones positivas con ellos. Las relaciones positivas sólidas pueden contribuir muchísimo para ayudar a los hijos a que cooperen y ser responsables. Los cuatro ingredientes de las relaciones sólidas son:
- demostrar respeto
- divertirse
- dar aliento
- demostrar cariño

Demostrar respeto

Con frecuencia los padres se quejan de que sus hijos no los respetan. Sin embargo, muchos adultos demuestran una falta de respeto hacia los niños. ¿Cómo puede ser? Regañando, gritando, golpeando, o hablándoles despectivamente. Al hacer cosas para los hijos que ellos pueden hacer por sí mismos. Al aplicar criterios desiguales.

Todos merecen respeto

En una familia democrática, nadie es más ni menos importante que los demás. Usted demuestra su respeto al tratar a su hijo como a un semejante.
- ¿Significa esto que ustedes dos son iguales? No. Usted sabe más y tiene más experiencia de la vida que su hijo. Usted tiene

---

Cómo identificar el objetivo

Observe tres cosas:

- **cómo se siente cuando se produce el mal comportamiento**

- **qué hace usted ante el mal comportamiento**

- **cómo reacciona su hijo ante lo que usted hace**

En el Capítulo 2, veremos con más detenimiento los objetivos del mal comportamiento y qué hay que hacer cuando su hijo se porta mal.

más responsabilidades. Pero, tanto usted como su hijo son seres humanos. Los dos merecen respeto.

- ¿Significa esto que su hijo puede decirle a usted qué debe hacer? ¿O que usted no es quien manda? No. Usted es el que manda. Su trabajo es guiar a su hijo. Pero usted puede guiarlo con respeto.

Una buena norma para recordar es que usted debe tratar a su hijo con el mismo respeto que usted demuestra a un amigo. Tal vez deba esperar un tiempo hasta que su hijo comience a retribuirle el respeto. No abandone el esfuerzo si esto no ocurre pronto. Todos necesitamos practicar este hábito y estar dispuestos a dar el primer paso.

Divertirse

¿A quién no le gusta divertirse? La diversión es una parte clave de nuestra relación con los amigos. ¿Y qué podemos decir de nuestras relaciones familiares? Divertirnos con nuestros hijos puede ser sencillo.

Comience por sonreír

¿Dónde empezamos? Una sonrisa al comienzo del día le impondrá el tono a todo el día de su hijo, y al suyo también. Amplíe su perspectiva y ríase de usted mismo. Cuando capte el humor dentro de sus propios problemas, sus hijos podrán ver el humor en los suyos. Cuando usted se ríe de sus errores, sus hijos entienden que los errores son aceptables.

No complique las cosas

Divertirse no tiene por qué ser algo complicado. Hasta las familias más ocupadas pueden poner un poco de diversión en su vida diaria.

Las tareas como hacer la comida o comprar comestibles pueden ser momentos para disfrutar o para ser chistosos. En el autobús o en el automóvil pueden hacer juegos de palabras. Haga que sus hijos le lean chistes. Vean un programa cómico en la televisión mientras doblan juntos la ropa limpia.

A los niños les encanta reírse. Les encanta ver el lado cómico de las cosas. ¡Para todos nosotros, unos minutos de buen humor valen más que horas de pelea!

Planifique el tiempo para divertirse

Planificar el tiempo para divertirse es también una buena idea. Si es posible, pase por lo menos unos minutos diarios con su hijo. Déjelo que tome la iniciativa. Es posible que su hijo quiera jugar a algo, hacer pases con una pelota, o trabajar en un proyecto. La hora de dormir le da una oportunidad a usted y a su hijo para compartir el tiempo juntos.

Cuando comience a divertirse con sus hijos, se sorprenderá de los resultados. Notará que sus hijos la pasan mejor (y se pelean menos) con sus hermanas, hermanos y amigos. Verá que ser padre es más agradable.

Ofrecer aliento

Debemos creer en nuestros hijos para que ellos puedan creer en sí:
- Para sentirse capaces y queridos, los hijos necesitan recibir mucho aliento.
- Para estar dispuestos a cooperar verdaderamente, los hijos necesitan sentirse satisfechos de sí mismos.

Note lo que es especial

Cada niño es único. Su hijo tiene muchas cualidades especiales y maravillosas. Cuando usted nota estas cualidades y se las señala, su hijo se siente *alentado*. Con cada palabra de aliento los hijos van apreciándose un poquito más y sintiéndose más seguros.

Reconozca los esfuerzos de su hijo

Dar aliento significa dar menos importancia a los errores de los hijos y más importancia a sus puntos fuertes. Se concentra en los esfuerzos. Esto les dice a los hijos, "Tengo confianza en ti".

No hace falta esperar que su hijo termine una tarea totalmente antes de hacer mención del esfuerzo que su hijo está haciendo. Cada paso que lleva a la terminación del trabajo es parte del esfuerzo. Cada paso merece estímulo. Cada vez que usted reconoce los pasos a lo largo del trabajo, le ayuda a su hijo a perseverar en su esfuerzo.

Enséñele a su hijo a ayudar a los demás

Estimule a su hijo a que ayude a los demás. Resulta más fácil preocuparse por los demás si primero nos queremos y nos preocupamos por nosotros mismos.

Demostrar amor

Para sentirse seguro, todo niño debe tener por lo menos un adulto a quien amar y que a su vez lo ame a él. Usted demuestra amor con sus palabras y con sus acciones:
- al decir "te quiero"
- al darle abrazos y palmaditas en la espalda

Un paso de aliento
STEP

Empiece por notar cuando le dice no a su hijo. Diga que no lo menos posible:

- **Pare antes de decir "¿Por qué siempre haces lo mismo? o "¡Basta, te lo digo en serio!"**

- **Si no se le ocurre dar una respuesta positiva, no diga nada.**

- **Cambie el tema o, quizá le convenga irse a otra habitación.**

Busque las ocasiones para cambiar un no en un sí. Esto le dará aliento o ánimo a su hijo:

- **"Sí, puedes comerte una galletita".**

- **"Pues sí, ya has tocado la trompeta por quince minutos. Ya has terminado la mitad de la práctica".**

El Capítulo 3 trata del aliento o estímulo. Cada capítulo de este libro cuenta con "Un paso de aliento" para ayudarle a adquirir el hábito de alentar. A lo largo del libro, encontrará también actividades breves que le permiten dirigirse a sí mismo, porque ¡usted también necesita recibir aliento!

- al hablarle y actuar con respeto
- al permitirle a su hijo que crezca en responsabilidad e independencia

Usted acaba de dar su primer gran paso

En el Capítulo 1, usted ha aprendido muchas cosas sobre usted mismo/a y su hijo:

- Ha visto la importancia de establecer límites y dar opciones.
- Aprendió cuáles son los objetivos del mal comportamiento.
- Ha meditado sobre sus expectativas.
- Aprendió que usted puede esperar que su hijo coopere.
- Aprendió que su hijo quiere sentirse "integrado".
- Analizó maneras de mostrar respeto, dar aliento y amor a su hijo.
- Recordó lo importante que es divertirse juntos.

Al hacer estas cosas, usted ha dado un paso importante para alcanzar las metas de la educación de sus hijos.

ESTA SEMANA

Cuando sus hijos se comportan mal, obsérvelos y también obsérvese a sí mismo. Vea cuál es el objetivo. Pregúntese:

1. ¿Qué hizo mi hijo?

2. ¿Cómo me sentí?

3. ¿Qué hice al respecto?

4. ¿Qué hizo entonces mi hijo?

5. ¿Cuál es el objetivo del mal comportamiento?

6. ¿Cuál es una manera de alentar un objetivo más positivo?

Para su *Familia*

Esta actividad lleva poco tiempo. Hágala cuando la familia está reunida, tal vez durante la cena.

- **Cada uno a su turno cuente algo bueno que le ocurrió durante el día.**

- **Al comienzo, tal vez usted tendrá que iniciar la conversación. O preguntarle a uno de sus hijos "¿Qué cosa bonita te ocurrió hoy? Cuéntanos".**

- **Si uno de los hijos dice que no pasó nada bueno, pregunte, "¿Qué cosa buena hiciste para alguien?"**

Haga este intercambio familiar tantas veces como pueda.

SÓLO PARA USTED

Tensión nerviosa

¡Ser padres es una ocupación llena de tensión! Usted puede disminuir o tratar esta tensión de muchas manera, por ejemplo:

- **Respirar hondo.** Respire profundamente por unos quince minutos. Deje que el ritmo de respiración se regule solo, no lo fuerce. Diga mentalmente "calma" cuando inspira y diga "paz" cuando exhala. Haga esto hasta que se sienta calmado.

- **Aflojamiento gradual.** Éste reduce la tensión y produce un estado emocional agradable. Comience cerrando las manos en un fuerte puño, y luego vaya aflojándolas. Aprenda a notar la tensión muscular y así sabrá aflojar una sensación tensa.

- **Aceptarse a sí mismo.** Todos los días, acéptese a sí mismo y dedique un tiempo para concentrarse en las cualidades positivas que posee. Haga afirmaciones positivas de usted mismo, como "estoy aprendiendo a ser más eficaz", o "me siento cada vez más seguro".

PUNTOS PARA RECORDAR

1. El desafío de la buena educación de los hijos es criar un hijo que sea feliz, sano, seguro, cooperarador, que sepa dar y recibir amor, y que sea responsable.

2. Usted puede ayudar a que su hijo aprenda a cooperar y ser responsable, fijando límites y ofreciendo opciones.

3. El temperamento, la herencia, el ambiente, la edad y las etapas del crecimiento, y las expectativas de conducta para cada sexo afectan la conducta de su hijo.

4. Las expectativas son poderosas. Si usted espera mal comportamiento, probablemente su hijo se portará mal. Si usted espera cooperación, es probable que su hijo coopere.

5. Todos los hijos quieren sentirse integrados a la familia. Logran ese sentido de integración por medio de una conducta apropiada o por el mal comportamiento.

6. Hay cuatro objetivos del mal comportamiento:
   * la atención
   * el poder
   * la venganza
   * la demostración de incompetencia

7. Usted puede crear una buena relación con su hijo cuando sabe:
   * demostrar respeto
   * divertirse
   * dar aliento
   * demostrar cariño

Tabla 1

CÓMO IDENTIFICAR LOS CUATRO OBJETIVOS DEL MAL COMPORTAMIENTO

¿Cómo se siente?	¿Qué hace por lo general?	¿Cómo reacciona su hijo por lo general?	Objetivo
Molesto, irritado	Insiste, fastidia, amonesta	Para por un instante. Luego vuelve a portarse mal	Atención
Enojado, amenazado	Castiga, contraataca, o se rinde	Sigue portándose mal, lo desafía a usted, o hace lo que le pidió despacio o mal	Poder
Enojado, muy herido	Ataca verbalmente al hijo, lo castiga	Se comporta, pero aún intenta desquitarse	Venganza
Sin esperanza, como rendido	Se da por vencido, acepta que el hijo es un inútil	No reacciona o no mejora	Demostración de incompetencia

CAPÍTULO DOS

Cómo comprender

las creencias *y* los sentimientos

Usted ha aprendido que su hijo necesita integrarse a la familia. El mal comportamiento es una manera con la que el niño trata de lograr esto. Esto no significa que su hijo está consciente de esto y piensa, "Quiero poder o autoridad" o "Me quiero desquitar". Mas bien, lo hijos descubren que el mal comportamiento les rinde, les da resultado. Lo saben por la manera como reaccionan los padres.

¿Qué puedo hacer cuando mi hijo se comporta mal?

¿Son los padres quienes causan el mal comportamiento de los hijos? No. Nuestros hijos eligen la manera de comportarse. Podremos agravar el mal comportamiento si reaccionamos como ellos esperan que reaccionemos. Al cambiar nuestra reacción haciendo algo inesperado, nuestros hijos no lograrán su propósito negativo.

Si respondemos de la manera que nuestros hijos esperan, estarán listos para alcanzar sus propósitos negativos. Nuestras reacciones les ayudan a lograrlos.

Pero si reaccionamos de modo diferente, les podemos transmitir un mensaje totalmente diferente. Les haremos comprender con nuestras palabras y nuestras acciones que no vamos a facilitarles su mal comportamiento. De esta forma, con el tiempo les podemos ayudar a que elijan objetivos positivos y una conducta positiva.

Esto no ocurrirá de un día para otro. Todo este libro está dedicado a cómo podemos favorecer esos objetivos positivos de

He aquí lo que aprenderá . . .

- **La manera de cambiar el comportamiento de un hijo, es cambiar su estrategia.**

- **Su hijo tiene creencias sobre cómo debe integrarse.**

- **Los sentimientos y las acciones de su hijo provienen de sus creencias.**

- **Usted también tiene sentimientos y creencias.**

- **Usted puede cambiar sus sentimientos y creencias y así ayudar a su hijo.**

nuestros hijos. Pero debemos comenzar con algo. Y eso puede ser, haciendo algo inesperado.

Haga algo inesperado

Cuando usted hace algo inesperado, usted hace lo opuesto de lo que su hijo espera. De esta manera, su hijo no logrará su acostumbrada recompensa. Su reacción no le facilitará el mal comportamiento. Entonces, el niño tendrá que encontrar una manera más adecuada para que se le acepte. Veamos unos ejemplos.

La atención

José quiere que su papá juegue con él. Pero su papá tiene que hacer una llamada telefónica. Entonces José juega con su hermano Ricardito. Golpea a las piezas mientras las mueve sobre el tablero. El papá le dice, "Juega sin hacer tanto ruido, José". "Está bien", contesta José. Después de unos minutos, José empieza a sacudir las cartas contra la mesa mientras las reparte. El padre da un suspiro. "José", le dice, "Te pedí que jugaras sin hacer ruido". Dos minutos después, José se queja lloriqueando "¡Papá, Ricardito está haciendo trampa!"

Claves del objetivo de José

1. El papá está *molesto*.

2. El papá le presta atención: Le *regaña y le recuerda* a José que tiene que cooperar.

3. José *deja de portarse mal por unos instantes*. Después *hace otra cosa para que el papá le preste atención*.

El papá sabe que José quiere que le preste *atención*.

¿Qué otra cosa podría hacer el papá?

- Podría *no hacerle caso al lloriqueo de José* y al ruido que hace. Si el papá hace eso, tendrá que *mostrar calma en su cara y en su actitud corporal*.

- Le podría *dar a José una elección*. Podría decirle: "José, necesito hablar por teléfono. Puedes jugar en silencio o llevarte el juego a la otra habitación. Tu eliges".

- Si José está dispuesto a cooperar, el papá podría *jugar con él más tarde*.

En otra oportunidad, el papá le puede brindar su atención a José cuando él no se la pide.

¿Qué es el mal comportamiento?

- **acciones o palabras que son irrespetuosas o que niegan los derechos de los demás**

- **rehusarse a cooperar el hijo cuando realmente sabe cómo cooperar**

- **una conducta peligrosa para el niño o para otros**

El poder

"¿Se puede quedar a dormir, Marita, el sábado en la noche?",
pregunta Sandra, de 11 años de edad. "No, porque este fin de
semana tienes que visitar a tu papá", le recuerda la mamá.

Sandra empieza a buscar cómo hacer que su mamá lo llame
para cambiar el fin de semana. "Eso lo tienen que arreglar tú y tu
papá", le dice la mamá, empezando a enojarse. Sandra se enoja
también y ella y su mamá comienzan a discutir. Al final, la mamá le
dice a los gritos, "Bueno, basta, está bien. Le voy a hablar a tu padre
y le explico".

Claves del objetivo de Sandra

1.   La mamá se siente *enojada.*

2.   La mamá *se pelea con Sandra.*

3.   Sandra *le discute a la mamá,* y la mamá se da por vencida.

La mamá sabe que Sandra *quiere ser la que manda.* El objetivo de
Sandra es el *poder.*

¿Qué otro cosa podría hacer la mamá?

*   Podría *rehusarse a pelear o a darse por vencida,* permaneciendo
    callada o saliendo de la habitación cuando Sandra intenta
    obligarla a hacer la llamada en lugar de hacerla Sandra.

*   En otra oportunidad, cuando la mamá no está enojada,
    podría *explicarle a Sandra* que Sandra tiene la responsabilidad
    de arreglar con su papá cualquier cambio de planes.

Venganza

La clase de Cindy va a ir a un parque de diversiones en una excursión
de fin de año escolar. Una semana antes de la excursión Cindy
descubre que no ha ahorrado el dinero suficiente. Saca diez dólares
de la billetera de su papá. Esa noche, el papá se da cuenta que le
faltan diez dólares. Encuentra el dinero en la mesita al lado de la
cama de Cindy. El papá está muy sorprendido y herido. Le grita a
Cindy, "¡Ladroncita de porra! ¡Yo te voy a enseñar que me robes!"
Cindy dice a gritos, "No tienes ningún derecho de meterte en mis
cosas. ¡El dinero es mío!" El vocifera, "¡Tú te quedas en la escuela el
día de la excursión!" Cindy le contesta a gritos, "¡Te odio!"

Claves del objetivo de Cindy

1.   El papá está *herido. Se quiere desquitar* de Cindy.

2.   El papá *trata de castigar a Cindy* al no dejarle ir a la
     excursión y al llamarla ladrona.

3.   Cindy *hiere al papá* cuando le dice que ella lo odia.

El papá sabe que el objetivo de Cindy es *la venganza*.

¿Qué otra cosa podría hacer el papá?

- El papá podría *rehusarse a sentirse herido y no decir nada más que pudiera lastimar*.
- Podría *rehusarse a pelear*.
- Podría *hablarle a Cindy* cuando los dos están tranquilos. Le podría decir: "Cindy, tengo un problema. Veo mis diez dólares en tu mesita. ¿Me puedes explicar qué está pasando?"

Romper un ciclo de venganza lleva tiempo. Pero Cindy no puede tener una lucha de venganza si el papá no se presta a la misma. Esto les dará al papá y a Cindy una oportunidad de calmarse y pensar. El papá necesita también encontrar las formas de crear confianza y respeto.

Demostración de incompetencia

Durante el trimestre de invierno, la clase de cuarto grado de Sandro juega al básquetbol dos veces por semana en el gimnasio. Sandro le dice a su mamá, "Ninguno me quiere en su equipo. No sé tirar bien y pierdo la pelota". Su mamá ha intentado ayudarlo a practicar. Practica encestar junto con él. Le pidió al hermano mayor que lo ayude también. Si Sandro no emboca en el cesto una vez o pierde la pelota, dice: "Nunca voy a jugar bien a esto". La mamá no sabe qué más puede hacer para ayudarlo. Dice: "Puede ser que el básquetbol no sea para ti, Sandro. Le voy a hablar al maestro de gimnasia. No tienes por qué jugar si no quieres".

Claves del objetivo de Sandro

1. **La mamá se siente *impotente*. Después de hacer lo que podía para ayudar, quiere abandonar la esperanza de que Sandro juegue al básquetbol.**
2. **La mamá *se da por vencida*. Le dice a Sandro que está de acuerdo que él no sabe jugar al básquetbol.**
3. **Sandro tiene permiso de su mamá para fracasar. *No tiene posibilidad de mejorar* cómo juega al básquetbol.**

Sandro dijo: "No puedo", y su mamá estuvo de acuerdo. La mamá sabe que el objetivo de Sandro es *demostrar incompetencia*.

¿Qué otra cosa podría hacer la mamá?

- Podría *negarse a darse por vencida con respecto a Sandro*. Podría decir: "Yo sé que puedes aprender a tirar la pelota y driblar. Para eso juegas básquetbol en la escuela, así lo aprendes".

- Podría tener cuidado y no *mostrar lástima por Sandro*. Si Sandro piensa que su mamá le tiene lástima, él también sentirá lástima por sí mismo.
- Podría *alentarlo* mientras va aprendiendo a jugar al básquetbol. El podría contarle a su mamá que embocó una vez pero erró todas las demás veces. Ella puede contestar: "¡Bueno, ya ves que puedes embocar un tiro! ¡Estás aprendiendo!
- Podría *alentarlo de otras maneras*. Cuando Sandro resuelve un problema de matemáticas, la mamá podría decir: "Yo sabía que lo ibas a resolver si te lo proponías".

A veces el niño que dice "no puedo" quiere que le presten atención, no quiere darse por vencido. ¿Cómo podemos ver la diferencia? El que busca atención quiere que los padres se interesen en él. El hijo que se da por vencido quiere que lo dejen solo. Si su hijo dice: "no puedo" guíese por la manera cómo se siente usted. ¿Está usted disgustado? Si lo está, puede calcular que el objetivo de su hijo es conseguir atención. ¿Tiene ganas de darse por vencido? Si es así, el objetivo es probablemente demostrar incompetencia.

El hijo que se da por vencido está *extremadamente desanimado*. Es muy importante dar un máximo de apoyo y aliento al hijo que se da por vencido. En el Capítulo 3 aprenderá más sobre cómo dar aliento a su hijo.

Vale la pena

No es siempre fácil hacer algo inesperado. Presupone estudiar muy bien cómo se siente usted. También tendrá que cambiar su manera de ver las cosas para que usted pueda reaccionar de un modo diferente. Es importante hacer este esfuerzo. Nuestras reacciones afectan la manera de crecer y aprender de los hijos. Sabiendo esto, todo esfuerzo vale la pena.

¿Por qué se desalientan los hijos?

Usted vio que los hijos que se portan mal están desalentados. ¿Por qué se desalientan los hijos? Las creencias y los sentimientos son dos factores que determinan cómo los hijos tratan de integrarse dentro de la familia.

Los hijos tienen sus creencias

Los hijos tienen sus *creencias* acerca de cómo necesitan integrarse para pertenecer a la familia. Llamamos "erróneas" a las creencias que llevan al mal comportamiento.

Creencias erróneas de los hijos

- *La atención:* "Pertenezco a esta familia sólo si me notan, aunque esto le traiga problemas a mamá y a papá". Pertenezco sólo si soy el que manda, aunque esto termine en una pelea. Si logro que papá o mamá se ponga a pelear conmigo, tengo poder".
- *La venganza:* "No me quiere nadie. Pertenezco a esta familia sólo si hiero a mamá o papá. Quiero que se sientan tan heridos como yo".
- *Demostración de incompetencia:* "Pertenezco a esta familia si convenzo a mamá o papá que no puedo hacer cosas. Por eso, si intento hacer algo y fracaso, *dejo de pertenecer a esta familia*".

Todas las creencias de los objetivos de mal comportamiento tienen otra cara—una creencia positiva que puede llevar hacia una conducta mejor.

La otra cara: creencias positivas

- *Participación:* "Quiero participar en las cosas. Por favor, déjenme aprender cómo puedo colaborar".
- *Independencia:* "Quiero ser independiente. Por favor, denme alternativas, así puedo aprender a ser responsable".
- *El sentido de justicia:* "Quiero que las cosas sean justas. Por favor, ayúdenme a aprender cómo cooperar".
- *Tener capacidad:* "Necesito tiempo para reflexionar por mí mismo. Quiero triunfar. Por favor, ayúdenme a aprender confiar en mi mismo".

Todo comportamiento tiene su "otra cara".

Es útil conocer la otra cara de los cuatro objetivos. Podemos usar esta información para ayudar a nuestros hijos a que pasen:
- de la atención a la participación
- del poder a la independencia
- de la venganza a ser justo
- de demostrar incompetencia a tener reflexión y capacidad

Pero queremos hacer más que esto. Queremos alentar a nuestros hijos a que busquen todos los objetivos positivos y ayudarles a adquirir *todas* las creencias positivas.

Aliente lo positivo

Ayude a su hijo a cambiar sus creencias erróneas en creencias positivas. ¿Cómo?

Ayudando a los hijos a tomar parte en las cosas. Estimulando a los hijos para que ayuden en las tareas de la familia. Mostrándoles cómo cooperar con los demás. De esta manera podrán tomar parte en las cosas y también ser útiles a los demás.

Dando opciones. Dele opciones a su hijo. Cuando sea posible déjelo hacer las cosas solo. De esta forma, su hijo irá sintiendo más seguro de sí mismo. Su hijo comenzará a tomar mejores decisiones.

Siendo justo. Oriente a su hijo para que sepa jugar y compartir a la vez. Trate a su hijo con justicia y respeto para que su hijo confíe en usted. De esta manera, su hijo verá que la gente puede ser justa y digna de confianza. Cuando se logra esto, no hay necesidad de desquitarse de nadie.

A veces usted tratará de ser justo pero su hijo pensará que usted no es del todo justo. Si pasa esto, analice cómo percibe usted la situación. Podría ser que su hijo está en pos del poder o la venganza. No entre en esa puja por el poder. Trate de seguir siendo lo más justo posible.

Reconociendo y enseñándole a tener valor. Enséñele a su hijo a que intente cosas y que persevere en sus intentos. Estimúlelo para que use palabras para explicar sus temores o para hablar sobre problemas. Reconozca los puntos fuertes de su hijo. Por estos medios, su hijo aprenderá a tener valor.

Pensar sobre creencias

Reconozca la conducta positiva del hijo. Piense sobre la creencia que motiva esta buena conducta.

También reconozca el mal comportamiento de su hijo. Piense también cuál es la creencia aquí. Busque una manera de estimular "la otra cara" de la creencia.

¿De dónde vienen las creencias?

Formamos algunas de nuestras creencias más básicas mientras éramos muy pequeños. Estas creencias no eran siempre lógicas. Sin embargo, para nosotros lo eran. Aún hoy, nos quedan muchas de estas creencias. No siempre estamos conscientes de algunas. A veces nos producen problemas.

Al igual que las nuestras, las creencias de nuestros hijos surgen de experiencias vividas cuando ellos eran muy pequeños. Provienen de la percepción que tiene un hijo de cuatro cosas:

- qué es importante en la familia
- el lugar del hijo en la familia
- lo que dicen y hacen los padres
- el estilo de educación de los hijos

¿Qué es importante en la familia?

Cada familia tiene un tono o disposición de ánimo únicos. A esta disposición de ánimo o tono le llamamos *la atmósfera de la familia*. También, los adultos de cada familia tienen *valores*. La combinación de la atmósfera y de los valores le transmite al hijo un mensaje acerca de lo que es importante en una familia.

Los hijos saben qué es importante

Los padres crean las circunstancias por las cuales los hijos ven qué es importante. Por ejemplo, los hijos saben si la música o los deportes son importantes para su padre. Esto es así porque al padre le gustan esas actividades y frecuentemente se las enseñará al hijo.

Algunos valores podrán no expresarse pero, así y todo, resultan obvios para un hijo.

Un hijo ve que sus padres analizan sus problemas juntos. El hijo aprende el valor de la cooperación.

Un hijo ve que sus padres discuten y se niegan a transar. El hijo aprende que peleándose y saliéndose con la suya es como se resuelven los problemas.

Para los hijos con padre y madre, un valor familiar es algo que resulta importante para *los dos, el papá y la mamá*. Esto es verdad aun cuando los padres no estén de acuerdo sobre ese punto.

Los hijos toman una posición

Los hijos resuelven qué van a hacer sobre cada valor familiar. Un hijo podría aceptar un valor. Otro podría rechazarlo. De las dos maneras, cada hijo resuelve qué es importante para él o ella dentro de la familia.

La mamá de Carol y María José es maestra de matemáticas. A Carol le encantan las matemáticas y saca muy buenas notas. María José odia las matemáticas. A pesar de que saca entre muy bien y excelente (B y A) en la escuela, sus calificaciones en matemáticas nunca pasan de regular (C). La mamá hizo que el consejero de la escuela le tomara una prueba para ver por qué tenía problemas con las matemáticas. La prueba indicó que María José es capaz de entender las matemáticas.

Tanto Carol como María José saben que las matemáticas son importantes en su familia. Cada niña eligió una manera diferente de reaccionar ante tal valor.

En algunas familias hay un abuelo que ayuda en la crianza. Los valores del abuelo pueden entonces formar parte de la

atmósfera de la familia. A veces, los adultos en una familia no
están de acuerdo en algo o no comparten el mismo valor.

Jerónimo y René viven con su madre y su abuelo. El abuelo es un hombre religioso. Pasa la mayor parte del día asistiendo a actividades religiosas. La mamá no participa en ningún tipo de religión. Ella y el abuelo discuten frecuentemente sobre este tema. A Jerónimo le gusta ir a la iglesia con el abuelo. Está aprendiendo todo lo que puede de la religión de su abuelo. René dice que la mamá no está muy contenta de esto. René quiere ir a instrucción religiosa los domingos con la familia de su amiga Tulia. Pero tiene miedo de pedirle permiso a su mamá. No quiere que su mamá se sienta triste porque ella va a la iglesia.

Los adultos en esta familia no están de acuerdo sobre el tema de la religión. Evidentemente la religión es importante en la familia de Jerónimo y René. Jerónimo y René no entienden completamente todos los factores. Sin embargo, están eligiendo sobre el tema de la religión.

Lo que es importante puede cambiar

Los cambios en la familia afectan la atmósfera familiar.

Una madre o un padre soltero se casa. Su nuevo esposo o esposa aporta nuevos valores familiares. La atmósfera de la familia cambia.

Los padres se separan o divorcian. Con frecuencia los hijos sienten más profundamente los valores de la familia, especialmente aquellos sobre los que sus padres no se ponen de acuerdo.

Una madre o padre forma una nueva relación o se vuelve a casar. Los hijos pueden llegar a ser parte de dos familias con dos atmósferas familiares diferentes.

No es útil criticar o tratar de cambiar los valores que claramente son importantes para un hijo. Cada hijo necesita que se lo acepte como persona. Esto puede ser un problema serio para muchos padres.

El nuevo esposo de Renata tiene un hijo que se llama Tomás. Tomás tiene 11 años, igual que Pablo, el hijo de Renata. A Tomás le gusta ver películas de acción. Cuando Tomás está en la casa de su mamá, le gusta ver en la televisión muchas películas no recomendadas o prohibidas para menores. Su mamá cree que está bien. Tomás le cuenta a Pablo lo de las películas y ahora Pablo las quiere ver también. Este es un problema para Renata.

Pero Renata no le dice nada duro a Tomás. No le dice a Pablo que Tomás o su mamá están "equivocados". Más bien les dice a los muchachos: "Aquí tenemos un reglamento diferente para las películas. Tienen que ser aptas para todo público". Después les da a los

muchachos para elegir: esa noche pueden ver una película apta para todo público o hacer otra cosa".

El lugar del hijo en la familia

Usted ha visto la influencia que tienen sus valores en su hijo. Otra influencia importante es "el lugar" del hijo en la familia. Un hijo puede ser hijo único, el mayor, el segundo, el del medio o el más pequeño, el "bebé".

El hijo único

Los hijos únicos pueden ser el centro de la atención. Esto significa que a veces tienen dificultad para llevarse bien con otros niños. Muchos hijos únicos pasan mucho tiempo solos o con sus padres o con los amigos de sus padres. Pueden ser muy creativos y frecuentemente se comportan como niños más adultos.

El hijo mayor

Un hijo mayor fue antes el hijo único. Puede ser difícil para un hijo mayor tener que abandonar el centro de la atención. Con frecuencia el hijo mayor quiere ser el que manda. Muchos hijos mayores suelen aprender a ser líderes y a cooperar. Muchas veces aprenden responsabilidad porque los hermanos menores buscan la ayuda de ellos.

El segundo hijo

El segundo hijo nunca tiene la atención total de los padres como una vez la tuvo el primer hijo. Este hijo puede ser que se esfuerce para estar al nivel o sobrepasar a la hermana o hermano mayor. A veces un segundo hijo se comporta al revés del hijo mayor. Si por lo general el hijo mayor es "bueno", el segundo se suele hacer "malo".

El hijo del medio

El hijo del medio se siente con frecuencia "atrapado" entre el hermano mayor y el menor. Con frecuencia los hijos del medio aprenden cómo llevarse bien con todo tipo de gente. A muchos les gusta que las cosas sean justas. Si creen que no los son, se pueden volver "hijos difíciles" que se comportan mal para conseguir la atención.

El hijo menor

Los hijos menores por lo general no tienen que hacer tanto para sí mismos como sus hermanos mayores. Estos hijos suelen ser mandones y exigentes. O pueden ser muy encantadores y amigables.

Pensar sobre sus valores

Cuando usted era niño:

- **¿Qué era importante para los adultos de su familia?**

- **¿Qué valores aceptaba usted?**

- **¿Qué valores rechazaba usted?**

- **¿Qué valores le gustaría transmitir a su hijo?**

A veces usan su atractivo para conseguir ayuda de los demás. Algunos hijos menores se dan por vencidos porque no logran aún hacer lo que pueden hacer los hermanos mayores. Otros se esfuerzan mucho para ser tan hábiles como sus hermanos y hermanas.

El lugar del hijo en la familia influye en cómo se ven a sí mismos. Determina lo que creen que es importante. Influye en su manera de pensar y actuar.

Dino es hijo único. Sus padres y sus abuelos lo quieren mucho. Dino sabe que él es la persona más importante de sus vidas. Sin un hermano o una hermana con quien pueda jugar, Dino aprendió a entretenerse solo jugando con muñequitos y dibujando historietas. También pasa el tiempo con sus padres y los amigos de ellos. Los amigos de sus padres están muy impresionados porque Dino habla y actúa prácticamente como un adulto. A veces, sin embargo, Dino discute y exige que las cosas se hagan como él quiere.

¿Qué es lo que ve el hijo?

El lugar del hijo parece ser determinado por el orden cronológico de nacimiento. En realidad, es un poco más complicado que eso. Se basa en cómo *ve* el hijo su lugar en la familia.

Jeremías tiene 13 años. Tiene dos hermanas, Lisa, de 7, y Estefanía, de 5. Jeremías no hace muchas cosas con sus hermanas. Pasa más tiempo con su mamá o solo construyendo modelos. Jeremías se ve a sí mismo como hijo único. A Lisa le encanta jugar con Estefanía. Le enseña juegos a Estefanía. Cuando juegan a la escuela, Lisa es la maestra. Lisa se ve a sí misma como hermana mayor.

El lugar del hijo cambia

A medida que vienen nuevos hijos a una familia, el lugar de cada hijo cambia. Cuando se inician nuevas familias por divorcio o casamiento, los lugares de los hijos cambian en cada familia. Cuando una familia cambia, también suele cambiar la manera de ver del niño sobre cómo ser importante.

A veces los hijos compiten por su sitio en la familia. Por ejemplo, el primogénito puede luchar para mantener el lugar de hijo "único". Esta competición afecta en gran manera las creencias y el comportamiento. Cuando los hijos compiten entre sí, un hijo gana. El otro se desanima o pierde.

Lo que los padres dicen y lo que hacen

Los hijos aprenden de lo que sus padres dicen y hacen. Forman creencias y eligen la manera de integrarse. Comienzan su marcha hacia la edad adulta.

Considerar su propio lugar

Piense cuando usted era un niño. ¿Cuál fue su lugar por orden de nacimiento? ¿Fue usted el primero, el segundo, el más pequeño?

Ahora piense cómo se sentía. ¿Se sentía como líder, el que manda, el bebito, el del medio?

¿Qué relación tiene eso con usted hoy día?

Una cosa importante que aprenden los hijos es lo que significa ser un adulto.

La mamá de Marcos trabaja en horario nocturno. Con frecuencia, el papá de Marcos prepara la cena. Él y Marcos lavan los platos juntos. A veces la mamá cocina la cena y la deja lista para que la coman Marcos y el papá. Entonces Marcos y su papá comen un poco más temprano. Les sobra tiempo para otros trabajos, las tareas escolares de Marcos, o simplemente para divertirse. Marcos ve que las personas casadas se ayudan mutuamente. Aprende cómo se da y se recibe.

Usted realmente no puede cambiar el lugar que ocupa su hijo en su familia. Usted puede ser un buen modelo de conducta para su hijo. Con sus acciones y sus palabras, le puede mostrar a su hijo qué es importante para usted. Le puede ayudar a su hijo a que descubra qué significa ser un adulto.

Los hijos aprenden de lo que los padres dicen y hacen.

Hable de valores

Los hijos se van haciendo personas dentro y fuera de la familia. Tal vez están aprendiendo a valorar otras cosas y experimentando con nuevas ideas. Cuando un valor es importante para usted, compártalo con sus hijos. Usted podría decir:

- "Para mí decir la verdad es importante. Cuando la decimos, aprendemos a confiar los unos en los otros".
- "Me parece que decir por favor y gracias demuestra respeto".
- "Pienso que hablar en vez de golpear es la forma de resolver problemas. Los golpes lastiman".

Cuando usted comparte un valor, esté dispuesto también a escuchar el punto de vista de su hijo.

Actúe como quisiera que actuara su hijo

Su hijo aprenderá más de lo que usted haga que de lo que usted diga. Los hijos observan su conducta y su actitud. Luego ellos eligen para sí las cualidades que valoran y quieren. El proceso de elegir lleva tiempo.

Habrá momentos en que usted se sentirá desilusionado cuando parece que su hijo está aprendiendo valores negativos. Cuando note que le pasa esto, piense bien qué podría estar aprendiendo su hijo de lo que usted hace.

Juan notó que su hija Jazmín insistía con frecuencia para que se hiciera como ella quería. Juan estaba preocupado. Pensó seriamente cómo podría ayudarla para que aprendiera a cooperar mejor. Se dio cuenta que el tono que él usaba con ella era frecuentemente de mando. Especialmente después del trabajo, cuando estaba cansado, solía darle órdenes a Jazmín en lugar de hablarle amigablemente. Juan resolvió cambiar su manera de actuar con Jazmín. Al principio fue difícil, pero luego se hizo más fácil. Después de un tiempo, el estilo mandón de Jazmín ocurría con menos frecuencia.

Es importante que los padres actúen como predican.
- Si les decimos a nuestros hijos que no mientan, nosotros debemos decirles la verdad a ellos, y a los demás también.
- Si les pedimos a nuestros hijos que sean amables, nosotros debemos tratarlos con amabilidad a ellos y a los demás.
- Si les decimos a nuestros hijos que no golpeen, nosotros no debemos golpear.

Estilos de educación de los hijos

En el Capítulo 1 usted leyó sobre los estilos para educar bien a los hijos. El estilo de educación los orienta hacia ciertas creencias.
- **Cuando los padres dan órdenes, algunos hijos interpretan que deben pelear y competir. Algunos llegan a creer que la única manera de ser aceptados es ser el que manda.**
- **Cuando los padres se dan por vencidos, muchos hijos llegan a creer que la única voluntad que vale es la de ellos.**
- **Cuando los padres dan opciones, los hijos aprenden que con la cooperación, la gente puede convivir.**

También tuvimos padres

La manera como nos criaron nuestros padres influye en nuestra actual manera de criar.
- Tal vez nos educaron con la idea que debíamos ser los mejores en todo lo que hiciéramos. Entonces es posible que exijamos

Palabras y hechos

Considere un valor que le gustaría enseñarle a su hijo. Algunos ejemplos de valores son, la honestidad, la educación, la generosidad, los buenos modales, o la música.

- ¿Qué podría <u>decir</u> para enseñarle ese valor a su hijo?
- ¿Qué podría <u>hacer</u> para demostrarle a su hijo que ese valor es realmente importante?

mucho a nuestros hijos. Quizá nos importa que los demás piensen que nuestros hijos son los más inteligentes, o los más talentosos, o los más fuertes.

- Tal vez nos educaron creyendo que merecíamos que todo fuera a nuestro gusto. Entonces es posible que exijamos a nuestros hijos que hagan exactamente lo que queremos. O quizás, pretendemos que los demás hagan la voluntad de nuestros hijos.
- Tal vez nos educaron para que respetemos a los demás. Entonces, puede ser que esperemos que la gente haga lo mismo. Les enseñaremos a nuestros hijos que nos respeten, que se respeten ellos mismos y a los demás.

¿De dónde vienen los sentimientos?

A través de sus creencias, los hijos eligen cómo van a formar parte de la familia. Los sentimientos también determinan cómo resuelven los hijos integrarse.

Todos sentimos. Los adultos sienten, los hijos sienten también. ¿De dónde vienen los sentimientos? ¿Por qué nos sentimos felices, enojados o tristes?

Con frecuencia creemos que los sentimientos son algo mágico que no podemos controlar. Decimos, "¡Este chico me hizo enojar tanto!" O bien, "¡La nena me va a volver loca!"

Los sentimientos vienen de las creencias

Pensemos lo siguiente: Cada uno de nosotros crea sus propios sentimientos. A muchos esto le resulta sorprendente. Pero es cierto.

- **Si creemos que la gente es amable y es de confiar, producimos buenos sentimientos. Hacemos esto para acercarnos a los demás.**
- **Si creemos que la gente es agresiva y no es de confiar, producimos sentimientos negativos. Hacemos esto para que los demás no se nos acerquen.**

Piense en su hijo a la edad de 4 ó 5 años. ¿Se puso alguna vez tan entusiasmado que usted diría que el niño había "perdido el control"?

A Bonita le iban a hacer una fiesta al cumplir 4 años. Estaba muy entusiasmada. Durante la fiesta se puso a hacer más y más monerías.

Randy tenía 5 años. Su abuelita venía a visitarlo. Se ponía cada vez más excitado y más incontrolable a medida que esperaba su llegada.

Con frecuencia, los niños pequeños ciertamente parecen "perder el control" de sus sentimientos. ¡Cualquiera que haya presenciado una rabieta sabe lo eso significa! Como padres, parte de nuestra tarea es hacer que nuestros hijos aprendan a ser responsables de sus sentimientos.

Los sentimientos de los hijos tienen un propósito

Hay hijos que creen que pueden integrarse cuando cooperan. Entonces estos niños forman buenos sentimientos hacia los demás. Esos buenos sentimientos les permiten alcanzar sus objetivos de ser aceptados.

Cuando los hijos creen que deben portarse mal para ser aceptados, entonces producen sentimientos negativos.

El papá de Amalia está estudiando. Amalia se golpea la cabeza contra la mesa. En realidad no le dolió. Pero Amalia empieza a llorar. El papá deja de estudiar. Le pregunta, "¿Te lastimaste?" "Sí", le contesta lloriqueando. "¿Puedes leer conmigo, papito?"

El papá necesita estudiar. Pero se siente culpable por no dedicarle más tiempo a su hija. Piensa un rato. Luego dice, "Lo siento, pero no puedo leer contigo ahora. Tengo que estudiar". Amalia se pone a llorar peor. "Pero me lastimé la cabeza", dice sollozando. "Ya se va a sanar", le dice su papá. Amalia sigue llorando. El papá no le hace caso.

Mas tarde, durante la cena, Amalia está contenta. El papá le dice, "Lavemos la vajilla y leamos un capítulo en tu libro".

Amalia busca atención. Su papá le hace ver que el llanto no sirve para conseguirla.

El llanto puede también ser una manera de demostrar incompetencia. O una manera de lograr el poder o la venganza.

Eric tenía la costumbre de esperar hasta el último momento para hacer las tareas escolares. Su mamá veía como él dejaba para más tarde su tarea. Se sentía preocupada y le decía, "Eric, tienes que empezar a hacer tu trabajo". Eric le respondía, "No me regañes más. Ahora lo hago."

Por fin, Eric comenzaba su tarea. Al rato venía a su mamá y le decía, "Esto no es justo. El maestro me dio mucho trabajo. Me tienes que ayudar." La mamá se enojaba, diciéndole, "¡Te dije que empezaras más temprano! Entonces Eric se ponía a llorar y berrear. Entonces decía a gritos, "¡Me tienes que ayudar, si no, ese estúpido del maestro no me va a pasar! ¡Y va a ser tu culpa!"

Con esto, a la mamá ya se le subía la sangre a la cabeza. Tenía ganas de gritarle a Eric que era un verdadero malcriado.

Eric había conseguido trabarse en lucha con su mamá para ganar el poder y la venganza. Quería hacer las cosas a su modo. Quería

Todo puede también ser diferente.

Alfred Adler

que su mamá se sintiera culpable. ¿Qué podía hacer la mamá? Podría negarse a entrar en esa lucha. En vez de regañar, podría quedarse callada. En vez de gritar o decirle algo desagradable a Eric podría hacer oídos sordos a su rabieta.

Al comienzo, hacer esto puede ser difícil. Eric tiene que darse cuenta que con llorar y gritar no va a conseguir que su mamá se enoje o se sienta culpable. Que tampoco va a hacer que la escuela sea más "justa".

Por supuesto que no todos los sentimientos negativos son una señal de mal comportamiento.

Un amigo del niño le puede decir algo desagradable. El niño podrá sentirse herido y llorar.

El niño puede estar trabajando mucho escribiendo una composición en la computadora de la escuela. En ese momento, algo sucede y se le borra todo el archivo en la máquina. El niño puede sentirse furioso.

Estos sentimientos de tristeza o enojo son naturales. Los padres pueden oír y demostrar que les interesa saber. En el Capítulo 4, aprenderá más cómo estar atento para captar sentimientos. Por ahora, vea si su hijo está usando sus sentimientos como un medio para portarse mal. Observe:

- **cómo se siente usted**
- **qué hace usted**
- **cómo reacciona su hijo ante lo que usted hace**

Esto le va a ayudar a decidir qué hacer. Si su hijo se está portando mal, entonces no lo tome como una cuestión de sentimientos.

Los sentimientos de los padres también tienen un propósito

Cuando nuestros hijos se portan mal, podemos sentirnos molestos o enojados. Nuestros sentimientos tienen un propósito: es controlar a nuestros hijos.

Usted ha visto que controlar a los hijos, darles órdenes, no les hace aprender cooperación o responsabilidad. Si usted resuelve establecer límites y ofrecer opciones, no necesitará sentirse molesto o enojarse. Por el contrario, usted puede cambiar su sentimiento para adaptarlo a sus metas de padre o madre. Cuando hace tal cosa, podrá influir para que su hijo encuentre mejores maneras de integrarse a la familia.

¿Cómo puedo ayudar a mi hijo y a mí mismo?

Usted sabe que los padres no *causan* el mal comportamiento de los hijos. Ciertamente tenemos un papel en fomentarlo. Hacemos tal cosa cuando reaccionamos como nuestros hijos esperan que lo hagamos. ¿Podemos hacer portar bien a nuestros hijos? ¿Podemos cambiarles sus creencias y sus sentimientos?

En realidad, ¡la única persona que usted puede cambiar es usted mismo! Usted puede cambiar la manera como reacciona ante el mal comportamiento de su hijo. Cuando lo hace, usted está ayudando a su hijo. ¿Cómo? Al no darle la recompensa que su hijo espera. Usted no le facilita su mal comportamiento. Esto quiere decir que su hijo tendrá que encontrar una manera nueva de integrarse a la familia.

Cambie su reacción

Dé tres pasos para cambiar su reacción ante su hijo.

1. **Decídase a cambiar.**
2. **Cambie su propósito.**
3. **Cambie sus creencias y sus sentimientos.**

Decídase a cambiar

Primero, analice a fondo cómo responde cuando su hijo se porta mal. Decídase a cambiar lo que se deba cambiar. Dígase a sí mismo, "Cuando mi hijo ve cómo me dejo afectar por el mal comportamiento, no le ayudo para nada. Estoy contribuyendo al comportamiento. Esto no tiene sentido. Tengo que cambiar mi modo de reaccionar".

Cambie su propósito

Vea seriamente cuál es *su* propósito cuando su hijo se porta mal. Pregúntese:

- ¿Quiero prestar atención? ¿O ayudar a mi hijo a que tenga confianza en sí mismo?
- ¿Quiero mostrarle a mi hijo quién manda? ¿O ayudarlo a ser independiente y responsable?
- ¿Quiero desquitarme? ¿O quiero mostrarle que comprendo?
- ¿Quiero eximirlo de su responsabilidad? ¿O ayudarlo a que sea seguro de sí mismo?

Cuando su hijo se porta mal, antes de hacer algo, medite sobre el propósito de su reacción.

Cambie sus creencias y sus sentimientos

Analice lo que usted cree y lo que usted siente. Para eso, escuche su "diálogo interior", lo que usted se dice a sí mismo.

Muchos padres caen en la costumbre de cierto tipo de diálogo interior. Este se llama *exijo, no lo soporto, me quejo, y culpo*.

- **Exijo:** Exigimos que las cosas sean diferentes. Nos decimos, "Mis hijos no deberían hacer eso. Deberían hacer esto otro".
- **No lo soporto:** Nos estamos diciendo que no podemos soportar que nuestros hijos se porten mal.
- **Me quejo:** Nos quejamos diciendo, "Esto es un desastre. Esto es terrible".
- **Culpo:** Culpamos al hijo o a nosotros mismos y pensamos, "Mi hijo es una gran desilusión. Soy un mal padre".

Usted puede cambiar este diálogo interior. Para eso, comience por analizar sus sentimientos. Pregúntese, "¿Estoy molesto, enojado, herido, desalentado? ¿O estoy *dedicado* a que mi hijo se deje de portar mal?"

No tiene que sentirse enojado con su hijo. Puede convencerse a sí mismo que va a sentirse tranquilo y es capaz de cambiar su reacción.

Marisa tiene 10 años y está enojada con su padre. "¡Yo no te intereso para nada!", le dice a gritos. "¡Te compras ropa bonita para el trabajo! ¡Pero a mí no me compras nada!" El papá se sintió enojado y herido. Sintió ganas de desquitarse de Marisa. Pero se contuvo y se calló la boca.

Pensó en lo que se estaba diciendo a sí mismo. Era algo así: "¿Cómo se atreve a hablarme de esa manera? ¡Será mejor que se calle la boca! ¿Por qué es tan malcriada? Soy un mal padre".

Después el papá se preguntó, "¿Qué es lo que quiero hacer ahora? ¿Me quiero desquitar? No, quiero hacer que Marisa coopere. ¿Me tengo que sentir herido y enojado? No, será mejor que trate de comprender por qué está actuando así. No me gusta que me hable así, pero esto lo puedo aguantar. Me gustaría que fuera más respetuosa, pero en este momento no lo es. Se está portando mal, pero no es una mala chica. Yo no soy un mal padre"

El papá cambió su diálogo interior. Ahora estaba en una posición mucho mejor para actuar. El papá podría hacer muchas cosas ahora:

- Podría decir, "Marisa, estás muy enojada conmigo. ¿Quieres que hablemos de esto?"
- Podría decir, "No me gusta que me hablen de esta manera. Cuando seas más respetuosa, me gustaría hablar de esto contigo".

Cambie su diálogo interior

Cuando usted está enojado con su hijo, pregúntese:

- **¿Qué me estoy diciendo a mí mismo?**
- **¿Qué otra cosa me podría decir?**

Cuanto más haga esto, mejor preparado estará para reaccionar ante el mal comportamiento.

- Podría no prestarle atención al problema por el momento y hablar de él más tarde.

Cuando usted cambia su diálogo interior, no está haciendo una especie de juego de palabras. Usted está tratando de encontrar un propósito nuevo, un sentimiento nuevo y una creencia nueva. *Usted deja de hacer que su hijo se porte mal.* Y lo hace de modo tal que comienza a ayudar a su hijo a que encuentre una manera mejor de integrarse dentro de la familia.

Ideas para facilitarse la tarea

No es fácil cambiar su reacción ante el mal comportamiento. El esfuerzo vale la pena. Puede usar estas ideas para facilitarse la tarea.

Escuche el tono de su voz. A veces decimos las palabras apropiadas, pero el tono que usamos resulta muy duro. O la manera de hablar le indica al niño que en realidad no hablamos en serio. Escuche cómo suena su voz. Si es necesario, respire hondo. Hable con calma y respetuosamente.

Preste atención a sus gestos y a su postura. Esta es otra manera de controlarse a sí mismo. ¿Habla muy encima del niño? ¿Nota que su cuerpo está tenso? Entonces, respire hondo y afloje el cuerpo.

Haga algo inesperado. Más al comienzo de este capítulo, usted ha visto cómo hacer algo inesperado. Cuando usted hace algo inesperado, su hijo o hija no logra "el resultado" que busca.

Un paso de aliento
STEP

Tratar el mal comportamiento es difícil. También es una oportunidad. Le da ocasión para ver a su hijo de maneras diferentes.

Busque la manera de ver "la otra cara" del comportamiento de su hijo. He aquí unos ejemplos:

- **Un hijo que parece mandón puede también ser un líder.**

- **Un hijo que desea que las cosas sean justas, puede percibir muchos puntos de vista.**

Hay momentos cuando todos tenemos que retirarnos y recuperar la calma.

Distráigase. Cuando sus emociones son fuertes, piense en otra cosa. Podría pensar en una visita que va a hacer a una amiga. Recuerde un momento grato que tuvo con su hijo. Organice una lista de compras. Si le hace falta, retírese de la habitación y haga algo que la tranquilice. Doble la ropa limpia. Salga a caminar alrededor de la manzana. Mire una revista.

Use su sentido de humor. El sentido de humor puede serles útiles a los dos, a usted y a su hijo. Podría decir, "La verdad es que paso las noches despierta pensando de cuántas maneras te puedo torturar". O, "No, yo nunca fui niño. ¿No te has dado cuenta?"

Use este tipo de humor con cuidado. No le conviene que su hijo crea que usted es sarcástico. También se puede reír de sus propios errores. Esto le permite ver a su hijo que usted reconoce que no es perfecto. Y le puede ayudar a *usted* a cambiar su diálogo interior.

No se sienta culpable. Los sentimientos de culpa no le van a ayudar. Pero decidirse a cambiar, sí. Si usted estuvo gritando y ahora se siente molesto por eso, dígase a sí mismo, "Siento mucho haber gritado. La próxima vez no lo haré". Después deje el tema. Nadie es perfecto, todos cometemos errores. Usted sabe que el niño que se porta mal no es malo. ¡El padre que comete errores, tampoco es un mal padre!

Usted acaba de dar otro gran paso

En el Capítulo 2, ha aprendido más sobre su hijo y sobre usted mismo. También ha aprendido y comenzado a practicar algunas habilidades para educar mejor a sus hijos.

- Ha visto que el mal comportamiento es una manera que los hijos usan para integrarse a la familia.
- Ha comenzado a estudiar qué debe hacer cuando su hijo se porta mal.
- Ha visto las maneras cómo los hijos forman sus creencias y sus sentimientos.
- Ha visto que la manera de hacer que su hijo cambie es cambiándose usted mismo.
- Ha descubierto que puede cambiar sus creencias y sus sentimientos.

ESTA SEMANA

Siga prestando atención a los objetivos del mal comportamiento. Cuando los hijos se portan mal, estúdielos y estúdiese a usted mismo. Fíjese cuál es el objetivo. Pregúntese:

1. ¿Qué hizo mi hijo?
2. ¿Cómo me sentí?
3. ¿Qué hice al respecto?
4. ¿Qué hizo entonces mi hijo?
5. ¿Cuál me parece haber sido el objetivo del mal comportamiento?
6. ¿Cuáles son *una o dos maneras* cómo podría yo alentar un objetivo más positivo?

SÓLO PARA USTED

Cómo combatir sus creencias irracionales

Las creencias causan emociones. Si usted decide que va a pensar en cosas desagradables, tendrá sentimientos desagradables. Usted se siente de acuerdo a cómo piensa. Sus creencias irracionales causan problemas y le impiden ser feliz. Se manifiestan en formas de exigencias, quejas y acusaciones.

Sus palabras que desaniman y su diálogo interior son una manifestación de sus creencias. Cuando usted cree en frases inflexibles como *yo debería, yo debo* o *tengo que*, etc. usted se impone condiciones a sí mismo.

Aprenda a pensar racionalmente:
- Elija nuevas maneras de pensar.
- Aprenda a ver las situaciones negativas de una manera lógica.
- Considere sus deseos más bien como preferencias, no como "necesidades"
- Tome sus "catástrofes" como son en realidad, simples desengaños o inconvenientes.

Hágase estas preguntas para combatir sus creencias irracionales:

1. ¿En qué estoy pensando? ¿Soy exigente o acusador?
2. ¿Es mi creencia racional o irracional? ¿Cómo lo puedo saber?
3. ¿Cuáles serán las consecuencias si mantengo estas creencias?
4. ¿Cuáles serán las consecuencias si cambio estas creencias?

PUNTOS PARA RECORDAR

1. Para identificar el objetivo de un hijo, observe:
   - cómo se siente cuando se produce el mal comportamiento
   - qué hace usted ante el mal comportamiento
   - cómo reacciona su hijo ante lo que usted hace

2. La única conducta que usted puede cambiar es la suya propia. Para ayudar a un hijo a que deje de portarse mal, concéntrese en cambiar su manera de reaccionar. Haga o diga algo que su hijo no se espera.

3. Las creencias y los sentimientos determinan cómo los hijos tratan de integrarse a la familia.

4. Para ayudar a que su hijo forme creencias positivas, usted puede:
   - Hacer que su hijo participe.
   - Dar opciones.
   - Ser justo.
   - Reconocer y enseñarle a tener valor.

5. Las creencias surgen de la percepción del hijo sobre qué es importante en la familia, el lugar del hijo, lo que dicen y hacen los padres y el estilo de educar a los hijos.

6. Los sentimientos vienen de las creencias. Usted puede modificar sus creencias y sus sentimientos cambiando su diálogo interior. Esto le ayudará a reaccionar ante el mal comportamiento de una manera que favorezca a su hijo.

Tabla 2

CÓMO TRATAR EL COMPORTAMIENTO

Recuerde, para determinar cuál es el objetivo de su hijo, vea:

1. cómo se siente cuando se produce el mal comportamiento
2. qué hace usted ante el mal comportamiento
3. cómo reacciona su hijo ante lo que usted hace

Objetivo	Ejemplos de mal comportamiento	Lo que pueden hacer los padres:	Maneras de afirmar creencias y objetivos positivos:
La atención	**Activo:** Interrumpe, payasea **Pasivo:** se olvida, no hace tareas, espera que lo sirvan	No preste atención cada vez que se la pidan. No se dé por enterado. No sirva a su hijo. Preste atención por buena conducta en otras ocasiones.	Dele las gracias cuando su hijo ayuda. Reconozca cuando su hijo coopera.
El poder	**Activo:** Hace pataletas, exige a los demás, discute **Pasivo:** Se pone terco, hace lo que le mandan lento y mal	Niéguese a pelear o a rendirse. No entre en una puja de poder. Si es posible, retírese del lugar. Deje recaer las consecuencias en el hijo.	Dé opciones. Permítale decidir a su hijo. En otras ocasiones, pida ayuda o cooperación.
La venganza	**Activo:** Es irrespetuoso, ofende, es violento **Pasivo:** Da miradas de rencor, no coopera haciéndose la víctima	No se ofenda ni se enoje. No se tome venganza con su hijo. En otras ocasiones, trate de crear confianza. Haga que su hijo sienta que lo quiere.	Sea lo más justo posible. Dele las gracias cuando su hijo ayuda. Reconozca y aprecie cuando su hijo coopera.
Demostración de incompetencia	**Pasivo solamente:** Abandona fácilmente, sin intentar	No se compadezca. No critique. Reconozca todos los esfuerzos, hasta los más pequeños. No pierda las esperanzas en su hijo.	Concéntrese en los puntos fuertes y el talento de su hijo. Reconozca cuando su hijo elige bien. Reconozca cuando su hijo piensa en los demás. Ofrezca mucho aliento o estímulo.

CAPÍTULO TRES

Cómo alentar
a **su hijo**
y a **usted mismo**

Usted desea que su hijo adquiera creencias positivas, para encontrar maneras positivas de integrarse a la familia. Lograr esto le será más fácil si el niño posee una fuerte *autoestima*. En realidad, el autoestima es importante para todos, los niños y los adultos.

¿Qué es la el autoestima?

Es la creencia de que estamos integrados y somos
- **aceptados**
- **fuertes y capaces**
- **amados**

La el autoestima les ayuda a saber a nuestros hijos que son aceptados, que pueden cooperar y que son amados. Les ayuda a crear sus propios triunfos. Les ayuda a sortear problemas. Les ayuda a decir "puedo" y "lo haré".

Usted puede contribuir a crear el sentido de autoestima de su hijo

Cuando los padres creen en sus hijos, ayudan a sus hijos a creer en sí mismos. Cuando los padres respetan a sus hijos, ayudan a sus hijos a respetarse a sí mismos y a los demás. Demuestre que usted cree en su hijo y lo respeta. Hay muchas maneras de hacer esto. Una de las mejores es cuando usted lo *alienta*.

He aquí lo que aprenderá . . .

- **Usted puede usar el aliento o estímulo para hacer que su hijo desarrolle autoestima.**

- **El aliento puede ayudarle a su hijo a sentirse querido, aceptado, respetado y valorado.**

- **El elogio y el aliento nos son la misma cosa.**

- **Usted también necesita alentarse a sí mismo.**

¿Qué es el aliento?

Alentar es una acción que ayuda a que los hijos aumenten su autoestima. Es una forma de mostrarles a los hijos que están integrados a la familia y que son

- **aceptados**
- **capaces**
- **queridos**

Veamos las palabras *alentar y desalentar*. Las dos se derivan de la palabra *aliento*. El *aliento* es una parte importante de la el autoestima. Significa la voluntad, la decisión de hacer un esfuerzo.

Un hijo alentado tiene una fuerte autoestima. Este hijo tiene voluntad para cooperar, para intentar cosas nuevas, para ser responsable.

Un hijo desalentado tiene poca autoestima y no se esforzará. Este hijo no tiene voluntad para elegir maneras positivas de integrarse a la familia.

Ruth, la hermanita menor de Jonás, le pide ayuda para hacer un cartel para la escuela. Mientras ayuda a Ruth, Jonás va a cada rato a la mamá. Le pone las cosas frente a la cara de la mamá y le dice, "Mira al tipo que le dibujé a Ruth". "¿Te gusta cómo recorté esto para Ruth?" "Mami, ¿dónde está la cinta adhesiva doble?" Jonás quiere ayudar a su hermana, pero no está muy seguro de sí. Su autoestima necesita un refuerzo.

La mamá de Jonás podrá alentarlo con sólo desentenderse de la exigencia de atención de Jonás. Más adelante, podrá ver cómo prestarle su atención cuando Jonás no la esté exigiendo.

¿Cómo puedo alentar a mi hijo?

Al igual que la mamá de Jonás, usted quiere ayudar a su hijo. Pero no podrá hacerlo fomentándole su mal comportamiento o criticándolo. El aliento comienza demostrando respeto. Usted sabe que todos merecen respeto. El respeto por usted mismo y el respeto por los demás van unidos. Esto es verdad para adultos y para niños.

Justiniano tiene 10 años, y está construyendo un cohete. Lleva bastante tiempo haciéndolo. Está casi terminado. El papá de Justiniano está buscando trabajo. Hoy, el papá recibe una llamada de teléfono. Se entera que otra persona consiguió el trabajo que él quería. El papá cuelga y suspira. Justiniano está guardando su modelo de cohete. Se mueve muy rápido y se le cae el cohete. Los pedazos vuelan por el aire. Justiniano da un grito y se pone a llorar. El papá le dice, "Esta tarde nos fue mal a los dos. Me siento muy desanimado. Y me parece que tú también".

Para el papá, no conseguir el trabajo es más importante que un modelo que se rompe. Pero el papá sabe que los problemas de Justiniano son también importantes. El papá no se menospreció por no conseguir el empleo. Tampoco menospreció a Justiniano por ser descuidado y por llorar. El papá demostró tener respeto por sí mismo y por su hijo. Si el papá continúa de esta manera, probablemente Justiniano aprenderá a respetarse a sí mismo y también a respetar a los demás.

Cuando su hijo recibe su respeto, su hijo se siente apreciado. Al ver que usted se respeta a sí mismo, el niño ve un modelo de autoestima. Esto es alentador para su hijo.

El aliento se fundamenta en la idea de respeto. Al igual que el respeto, el aliento es algo que los hijos necesitan en todo momento. Usted puede adquirir el "hábito de dar aliento". Aprenda y practique algunas acciones para demostrar que usted:

- Ama y acepta a su hijo.
- Nota cuando su hijo se esfuerza o va mejorando.
- Aprecia a su hijo.
- Tiene fe en su hijo.

Veamos un poco más a fondo las formas de alentar.

Ame y acepte a su hijo

Cada hijo es especial. Igual que nosotros, los hijos son buenos para ciertas cosas y no tan buenos para otras. Igual que nosotros, tienen sus altibajos, sus días buenos y sus días malos. Cuando aceptamos a nuestros hijos, sabemos lo bueno y lo que no es tan bueno. Nosotros vemos esos altibajos. Los aceptamos todos. Aceptamos a nuestros hijos como ellos son.

Cuando hacemos tal cosa, nuestros hijos se dan cuenta que no esperamos que sean perfectos. Ven que los amamos y los valoramos.

Algunos padres creen que es necesario señalar lo que está mal. Creen que eso ayudará a que los hijos mejoren. Pero eso puede resultar muy desalentador.

¿Qué ocurriría si un amigo le dijera siempre, "Sé cuál es tu problema. Te lo voy a decir, y ¡lo único que tienes que hacer es cambiar!" Así también es cómo se sienten los hijos.

Con el estímulo, aceptamos a nuestros hijos como ellos son.

Su hijo no siempre actuará como usted desearía. Es en esos momentos cuando sus hijos realmente necesitan de su amor y su aceptación. Sus hijos necesitan esto, aunque hagan las cosas bien o mal.

Dafne le muestra a su abuela un resumen de su ensayo para ciencias sociales. El maestro de Dafne le criticó el resumen en varias partes. Dafne dice, "Al Sr. Firelli no le gustó mi resumen. Dice que le falta información importante". La abuela mira el resumen. Le dice a Dafne, "Mira esto, Dafne. Él dice que tus ideas en esta sección están "bien orientadas". Y aquí dice que tu plan es interesante". "Creo que tienes razón, abuelita", dice Dafne. "Y aquí dice que mi plan va a salir bien. Me parece que sólo necesito más detalles en algunas partes".

Usted puede aceptar a su hijo sin tener que aceptar el mal comportamiento.

Érica le mintió a su maestra. Le dijo que había dejado las hojas del libro de tarea en su casa. Lo cierto fue que Érica no había hecho la tarea. La maestra llamó a la mamá de Érica. Esa noche, a la hora de dormir, la mamá quiso hablar del tema con Érica. Érica se puso a llorar y dijo, "No sé por qué soy tan mala a veces". La mamá le respondió, "Érica, está mal mentir. Pero tú no eres una mala persona. Solamente escogiste hacer algo mal. Hablemos a ver qué puedes hacer para arreglar esto".

Reconozca los esfuerzos de su hijo

Las mejoras llevan tiempo. Nadie consigue todo de golpe.

Acuérdese de la primera vez que bañó a su bebito. ¿Si sintió torpe? ¿Le costó hacer que el jabón no le entrara en los ojitos? ¿No deseaba tener otro par de manos? Sin embargo, con el correr del tiempo, encontró la manera de hacer el trabajo con más facilidad. Quizá se ingenió en sostener al bebé con un brazo y una mano. Tal vez aprendió a poner el jabón en una esponja antes de levantar al bebé. Quizá probó sentarse. Quizá le cantó dulcemente a su bebé. Poco a poco ise volvió una experta para bañar al bebé!".

Toda habilidad que adquirimos está compuesta de pasos y esfuerzos menores. Lo mismo pasa cuando nuestros hijos aprenden.

En su boletín de calificaciones de quinto grado, Lito sacó un Regular (C) en matemáticas. Sus padres saben que él es capaz de sacar mejor calificación. Podrían decir, "Debes estudiar más. Tendrías que sacar un Excelente (A)". Pero ¿cómo podría eso ayudarlo a Lito?

Los padres de Lito deben alentarlo para que mejore. Para lograr eso, deben reconocer su esfuerzo. ¿De qué manera?

- **Pueden ir señalando las pequeñas mejoras cuando estudia.**

Cómo aceptar a su hijo

- **Piense en una mala elección que haya hecho su hijo.**

- **Piense cómo podría hacer para que su hijo sepa que él o ella no es una mala persona.**

- **Piense cómo podría ayudar a su hijo para que elija mejor.**

- **Pueden hacer un comentario positivo cuando saca un Bueno (B −) en una prueba, o un Aceptable (C+) en sus tareas diarias.**
- **Pueden ayudarle a Lito a que comprenda lo que es importante.** *Aprender* **matemáticas es más importante que** *sacar* **una calificación.**

Trate de encontrar por lo menos una mejora. Busque una oportunidad para decirle a su hijo que usted ha notado la mejora.

Aprecie a su hijo

Un niño necesita colaborar, ser alguien que coopera en la familia. Esto le da al hijo un sentido de pertenencia. Cuando usted dice y demuestra que realmente aprecia a su hijo, usted estimula esa integración.

Nélida tiene 9 años. La mamá se siente contrariada cuando Nélida corre por la sala y el pasillo. A la mamá no le gusta criticar. Desea encontrar modos de alentar a Nélida. Entonces se sienta y piensa en las cosas que Nélida ha hecho recientemente y que ella aprecia.

La mamá piensa en un montón de cosas: Nélida se acordó de quitarse sus botas con nieve a la puerta de entrada. Pasa bastante tiempo jugando con su hermanito. Ayer, Nélida sacó la basura sin que nadie se lo pidiera. Todas estas cosas le ayudaron a la mamá.

La mamá piensa tan sólo unos minutos. En ese breve instante, recuerda muchas cosas que le gustan. Resuelve que va a empezar a agradecerle a Nélida por su cooperación.

¿Significa esto que la mamá debería dejar a Nélida que corra por la sala? No. Pero, al detenerse a pensar, la mamá se ayudó a sí misma. Se detuvo antes de gritar o de castigar. Piensa en su meta como madre. Y logra hacer todo esto al pensar en las cosas que ella aprecia.

Ahora mismo, la mamá le puede decir a Nélida: "Si quieres correr, corre afuera. ¿Qué te parece?" La mamá sabe también que, con el tiempo, el aliento o estímulo hará que Nélida coopere más a menudo. Así, en otra oportunidad, la mamá puede demostrar su aprecio cuando Nélida coopera. Puede decirle:

- "Gracias por acordarte de sacarte las botas".
- "Me da gusto verte jugar con Tomasito. Quiere mucho a su hermanita mayor".
- "Te agradezco que sacaras la basura apenas llegaste de la escuela".

Hay otra manera de mostrar agradecimiento. Reconozca lo que es importante para su hijo. Desentenderse de lo que le interesa a un hijo es fácil. Esto es muy cierto si tal interés jamás fue una cosa importante para usted. Pero son justamente nuestros intereses

Cómo tomar nota del progreso de su hijo

Piense en algo que su hijo está haciendo mejor que antes. También piense en los esfuerzos que haya hecho su hijo. Por ejemplo:

- **¿Evitó su hijo entrar en una pelea?**
- **¿Ha venido mejorando en la escuela?**
- **¿Encontró su hijo una manera de ayudar?**
- **¿Colaboró su hijo con hermanos y hermanas?**

diferentes los que nos hacen especiales a cada uno de nosotros. Si usted se toma el tiempo para preguntar sobre un proyecto, su hijo se va a sentir valorado. ¡Hasta podría descubrir un nuevo asunto de interés para usted mismo!

Su hijo tiene sus puntos *fuertes*, sus cualidades y talentos que lo hacen especial. Usted puede reconocerlos y usarlos como una base de partida.

El padrastro de Juana le dijo a Juana, "Me gusta escucharte tocar la guitarra. Antes, nunca se oía música en mi casa. Es muy lindo realmente". "Te podría enseñar a tocar algo", le respondió Juana. "¿De veras? ¡Eso sería fantástico!", le dijo su padrastro.

Tenga fe en su hijo

Los hijos necesitan saber y ver que los padres creen que ellos pueden triunfar.

La mamá y el papá de Carol son encargados del edificio de apartamentos donde viven. Todas las semanas cortan el césped. Carol tiene 11 años. Quiere manejar la cortadora de césped. Le pregunta a su papá, "¿Puedo cortar el césped?" Su papá le dice, "Seguro, puedes hacerlo conmigo". Su mamá le dice, "Ve a ponerte tus zapatos fuertes". Carol vuelve en seguida llevando calzado protector. Su papá le dice, "Primero ponte los anteojos de seguridad. Después te muestro cómo arrancar el motor".

Carol sabe que sus padres creen que ella puede aprender a cortar el césped. ¿Cómo? Porque le dicen que ella puede. También se toman un tiempo para enseñarle. Esto también contribuye a que Carol se sienta capaz de intentar hacer otras cosas. Hace que pueda decirse a sí misma, "Puedo hacerlo".

Las expectativas son poderosas. Por lo general nuestros hijos intuyen qué pensamos en realidad. Muy pocos hijos podrán aprender a creer en ellos mismos si *nosotros* no creemos en ellos.

Para tener fe en su hijo, posiblemente tendrá que visualizar una perspectiva mayor. No piense en un error que su hijo hizo en el pasado. Más bien, piense en las muchas cosas que su hijo ha aprendido a hacer bien. No se preocupe del error que su hijo pueda cometer. Más bien, busque las maneras de hacer que su hijo se sienta capaz.

El crecimiento es un proceso. Lleva años. Teniendo esto presente le permitirá ver que su hijo realmente *aprende* muchas habilidades, con el correr del tiempo.

¿Cuál es la diferencia entre el elogio y el aliento?

Muchos padres creen que están alentando a sus hijos cuando en realidad los están elogiando. El elogio puede ser desalentador.

El elogio y el aliento no son la misma cosa. Cada uno tiene su propósito diferente. A medida que vaya leyendo sobre el elogio y el aliento, recuerde las metas para la educación de sus hijos:

- **criar un hijo que sea feliz, sano, seguro de sí, responsable, cooperador y que sepa dar y recibir amor**
- **formar una sólida relación con su hijo que dure toda la vida**
- **ayudar a que su hijo llegue a ser un adulto responsable**

El elogio es una recompensa

El elogio es un tipo de recompensa. Los hijos la ganan. La pueden ganar compitiendo y triunfando. Tal vez la ganan cuando se los compara con otro. El elogio que viene de un padre le da al hijo la *recompensa* de ser reconocido por el padre.

Era una jornada de atletismo en la escuela. Marcos quería ganar la cinta azul en los cincuenta metros llanos. Víctor, el hermano mellizo de Marcos, quería ganar la cinta azul por el salto en largo. Los dos muchachos se habían entrenado mucho para competir. Marcos ganó una cinta azul. Víctor no ganó ningún premio. La mamá le dijo a Marcos, "¡Ganaste! ¡Te felicito!" Marcos estaba feliz. Después miró a Víctor. Le dijo a su mamá, "Sí, claro, pero Víctor no ganó nada". La mamá le dio un abrazo a Marcos y le dijo, "Bueno, tenía que haberse entrenado mejor! No todos pueden ganar". Marcos pensó, "¿Qué hubiera pasado si <u>no ganaba</u>? ¿Qué hubiera dicho mamá?"

¿Qué enseña el elogio?

Con el elogio, los hijos aprender a complacer a los demás. No hay nada de malo en querer complacer a alguien. Pero con muchos elogios, los hijos creen que deben complacer a los demás. Se convencen que esta es la única forma de sentirse útiles.

Los hijos también se acostumbran a querer más y más elogios. Les puede preocupar si sus padres no los elogian. Comienzan a dudar de sí mismos. Hasta pueden creer que si no reciben elogios, ¡se los está criticando!

Los hijos pueden comenzar a ver cada actividad como si fuera una competencia que "se gana" o "se pierde". Aprenden que una persona puede ser "mejor que" otra. Hasta pueden llegar a creer que competir para ganar la recompensa del elogio es *todo*.

Un hijo necesita el aliento como una planta el agua.

Rudolf Dreikurs

El aliento es un regalo

El aliento es un regalo. Nadie tiene que ganarlo. Es para todos y se lo otorga por mérito al esfuerzo o al progreso.

Un hijo puede estar aprendiendo a tocar la trompeta. El padre le podría decir "Esa música suena mejor que hace unos días".

Se lo puede dar como una manera de reconocer que algo es especial.

Más adelante el padre podría decir, "Es tan hermoso oír música todos los días".

Se puede dar aliento o estímulo aún cuando al hijo no le salen bien las cosas, o comete un error.

"Claro, te perdiste y te olvidaste dónde estabas mientras tocabas el solo de trompeta. Pero encontraste tu sitio en seguida. Es difícil pensar cuando uno está nervioso. ¡Tu tienes una gran virtud en eso!

El aliento de los padres hace que los hijos se sientan valorados sólo por *ser,* por ser quiénes *son.* Esto ayuda a los hijos a que se acepten a sí mismos y a sentirse capaces. Eleva su sentido de autoestima

¿Qué enseña el aliento?

Con el aliento, los hijos aprenden a:
- **apreciar sus propias cualidades especiales**
- **sentirse capaces**
- **sentirse útiles de la manera que ya son**

Los hijos también aprenden que pueden alentarse a sí mismos. Se sienten más seguros. Los hijos que reciben aliento también tienen más interés en cooperar con los demás.

El elogio usa palabras que juzgan

"¡Eres un chico tan bueno!" Esta frase no se merece fácilmente. Al oírla, un hijo podría pensar, "¿Quiere decir esto que tengo que ser bueno siempre? ¿Qué pasa si no soy bueno? ¿Soy malo? ¿Sirvo para algo cuando no hago lo que papá quiere?"

"¡Te seleccionaron para formar el equipo, estoy tan orgullosa de ti!" Un hijo podría interpretar esta frase así, "¡Me has hecho quedar muy bien! Me has dado una gran satisfacción por hacer lo que yo quería". Un hijo podría pensar, "¿Valgo la pena sólo porque me eligieron para el equipo? ¿Qué hubiera pasado si no me elegían para el equipo? ¿Estaría decepcionada mamá?"

El aliento usa palabras que muestran que uno se da cuenta

El aliento pone el énfasis en cómo ayudó un hijo. Considera cómo se siente el hijo. Cuando da aliento, el padre podría decir:

- "¡Gracias por anotar tan bien esos mensajes de teléfono para mí!"
- "¡Parece que estás muy orgulloso de formar parte del equipo!"

¿Alentar o elogiar?

- **Los hijos necesitan aprender a cooperar con los demás; no a ser "mejores" que los demás.**
- **Los hijos necesitan sentir en todo momento que se les acepta; no únicamente cuando hacen algo bien.**
- **Los hijos necesitan aprender a pensar por sí mismos: no complacer a otro.**

Usar un montón de elogios, o solamente elogios, no le servirá para satisfacer las exigencias de educar bien a los hijos.

- **Queremos enseñarles a nuestros hijos a que tengan fe en ellos mismos.**
- **Queremos que digan "puedo" y "lo haré".**
- **Queremos que cooperen y tengan aprecio por los demás.**
- **Queremos que sepan darse motivación o aliento a sí mismos.**

El exceso de elogio puede ser contraproducente.

El aliento le ayudará a cumplir con la buena educación de sus hijos. La mayoría de las veces, es mejor elegir el aliento en lugar del elogio.

¿Quiere decir esto que jamás debe elogiar a su hijo? No. Hay momentos en que elogiar puede resultar muy útil.

Su hijo acaba de meter un gol. ¿Se pondría usted de pie y gritaría, "Debes sentirte orgulloso de esa jugada"? Por supuesto que no. Se pondrá a saltar de alegría y se desgañitará gritando, "¡Goooool! ¡Qué cañonazo! ¡Así se hace!"

A todos nos gusta una recompensa de vez en cuando. Cuando nuestros hijos se esfuerzan y logran algo, darles un elogio está bien. Será mejor si evita elogiar a su hijo con mucha frecuencia. En su lugar concéntrese en aprender el idioma del aliento o estímulo.

Use el idioma del aliento o estímulo

El aliento tiene su propio idioma. Estas son palabras que alientan:

- "Gracias. Eso me ayudó mucho".
- "Confío en tu opinión".
- "Eso es bastante difícil, pero creo que lo vas a resolver".

Piense en la manera de alentar

Imagine a su hijo corriendo una carrera:

- **Lo que usted le dice a la llegada es un elogio.**
- **Lo que usted le dice <u>durante</u> la carrera es un aliento o un estímulo.**

- "¡Se ve que trabajaste duro en esto!"
- "¡Te estás poniendo cada vez mejor con las fracciones".
- "Tú puedes hacer esto".

Una palabra de alerta

A veces los padres dicen algo alentador, pero en seguida agregan algo desalentador. Por ejemplo, un padre podría decir, "Parece que realmente te esforzaste en esto". Un hijo se sentiría alentado. Pero ¿qué pasaría si el padre agregara unas frases como éstas?

- "Te esforzaste en esto . . . Ojalá hicieras lo mismo más seguido".
- "Confío en tu opinión . . . así que no me decepciones".
- "Tú puedes hacer esto . . . así que deja de lloriquear y a trabajar".

Frases como éstas dan aliento o estímulo, y luego lo quitan. El aliento se pierde. En su lugar, el hijo se siente desalentado. No se olvide que usted está gestando la el autoestima de su hijo. ¡Usted no está tratando de hacer que su hijo sea perfecto!

Unas palabras sobre los momentos difíciles en una familia

Todas las familias tienen dificultades. La gente se enferma o se muere. Las mamás o los papás se quedan sin trabajo. Los padres se divorcian. Cuando las familias tienen problemas, a los hijos les resulta difícil también. Esto les pasa aún a los hijos que por lo general parecen felices y seguros de sí mismos. Durante esas épocas difíciles, no se suelen sentir satisfechos consigo mismo.

Esto no es culpa de los padres. Los padres no pueden cambiar las enfermedades o la muerte. No pueden impedir que haya despidos. Un divorcio o un nuevo casamiento puede significar un nuevo comienzo.

La mamá de un niño de 5 años se vuelve a casar, con un hombre que tiene dos hijos adolescentes. En lugar de ser el hijo único, el niño de 5 años pasa a ser el menor de tres hijos.

Los cambios de este tipo suelen hacer que los hijos pierdan su "lugar". Entonces los hijos tienen que encontrarse uno nuevo. Para conseguirlo, los hijos pueden llegar a portarse mal. Esto pasa más que seguro si los hijos se sienten desalentados.

Los hijos se pueden sentir culpables. Pueden creer que el divorcio o la pérdida del empleo es culpa de ellos.

Los hijos se pueden sentir enojados. Es posible que no quieran perder uno de sus padres o una hermana o hermano. Puede ser que no quieran tener un nuevo padrastro o un nuevo hermanastro o hermanastra. Hay algunos hijos que "exteriorizan"

Cambiar para alentar

Note cuando usted elogia a su hijo. Por ejemplo, note cuando dice:

- **"¡Eres un gran chico!"**
- **"¡Lo que hiciste es fantástico!"**

Piense otras palabras que puede usar para alentar a su hijo.

Todos cometemos errores. A veces, en esos momentos es cuando necesitamos que nos alienten más.

su enojo, faltando a la escuela, o dejando de estudiar. Pueden pelearse, gritar o romper cosas.

Los hijos pueden sentir miedo. Pueden temer que si uno de sus padres se va, el otro se irá también. Pueden preguntarse de dónde vendrá el dinero para comprar los alimentos.

Durante esos tiempos difíciles para la familia, los hijos necesitan aliento adicional. Lo pueden recibir de sus padres y de otras partes también. Pueden recibirlo de otros adultos, como parientes y amigos suyos. Pueden recibirlo de un sacerdote. Lo pueden recibir de grupos voluntarios de apoyo como Big Brothers o Big Sisters, que buscan mentores a los niños sin padre o sin madre.

Si su familia está pasando por un momento difícil, no se sienta culpable. Haga un esfuerzo para encontrar a otras personas mayores que puedan ayudar a su hijo. Tanto usted como su hijo se sentirán mejor cuando lo haga.

¿Hay otras formas de dar aliento?

Usar palabras apropiadas y evitar los elogios excesivos son dos maneras importantes de alentar a su hijo. También puede hacer otras cosas.

Actúe de maneras que alienten

Con frecuencia alentamos con palabras, pero nuestras acciones también alientan.

Un asentimiento de cabeza, un guiño de ojo, o una sonrisa transmite un mensaje de aliento. Y también lo hace el escuchar sin interrumpir. También lo hace un abrazo o una palmadita en la espalda.

Usted también demuestra confianza en su hijo cuando le permite que trate de hacer algo difícil.

Mauricio tiene 11 años. Quiere ir en bicicleta con sus amigos hasta la piscina. El papá y Mauricio han ido en bicicleta hasta la piscina muchas veces. El papá considera que Mauricio está en condiciones de ir con sus amigos.

La noche anterior, el papá repasa las reglas de seguridad con Mauricio. El papá le dice: Mauricio, "Sé que has ido en bicicleta hasta la piscina antes, entonces sabes que hay mucho tránsito. Me gustaría repasar algunas reglas de seguridad". El papá habla y después escucha. Mauricio siente que su papá lo respeta. El papá está seguro que Mauricio está en condiciones de ser responsable. Al día siguiente, cuando Mauricio sale con sus amigos, el papá sonríe y dice, "Diviértanse".

Usted también demuestra confianza cuando le permite a su hijo que resuelva un problema solo. Asegúrese que su hijo puede hacer frente al problema. Esto dependerá del problema y de la edad de su hijo. Si los hijos necesitan ayuda, los padres pueden, así y todo, dejarlos "a cargo" del asunto.

A Lisa y a su amiga Julita les es difícil llevarse bien. Lisa le dice a su papá, "No sé por qué Julita es tan mala. Me gustaría que no fuera así". El papá se da cuenta que Lisa está ofendida. "Te sientes ofendida cuando Julita te trata mal". Lisa asiente con la cabeza. El papá dice, "¿Piensas hablarle?"

"No sé qué decirle", contesta Lisa. El papá le dice, "¿Por qué no lo piensas un rato, Lisa? Si quieres, puedes practicar diciéndome a mí algunas cosas".

El papá sabe que él no puede resolverle el problema a Lisa. Lisa tiene que aprender a resolver problemas dialogando con sus amigos. Pero el papá le demostró a Lisa que él piensa que ella puede hacer esto. Le hizo ver que él tendría gusto en ayudarla.

En el Capítulo 5, usted aprenderá más sobre cómo resolver problemas junto con su hijo.

Enseñe el respeto por los demás

La el autoestima es extremadamente importante. Y también lo es "el respeto por los demás"; sentirlo y demostrarlo. Resulta muy difícil respetarnos verdaderamente si no respetamos a los demás.

Esto significa que enseñar y demostrar respeto es una manera de alentar a su hijo. Hay varias maneras de lograr esto.

Ayude a otra gente

Haga un esfuerzo para ayudar a amigos y vecinos. La tarea podría ser grande, por ejemplo ayudar a alguien que se está mudando. Podría ser pequeña.

Usted y su hijo podrían darle agua a las plantas cuando un vecino está de viaje. Podría prepararle una comida a la familia de una amiga enferma.

Busque también oportunidades de involucrar a toda la familia como voluntarios.

La escuela de su hijo podría estar recibiendo donaciones de alimentos. Usted podría ayudar a su hijo a recolectar alimentos enlatados.

Enseñe buenos modales

Ser cortés no está pasado de moda. A todos nos gusta ser tratados con cortesía. Forme las conductas que usted desea en sus hijos. Dígales "por favor" y "gracias" a sus hijos.

- "Por favor, recoge los platos antes de retirarte".
- "Gracias por guardar la ropa limpia".

Exija que sus hijos le traten cortésmente a usted también. Si se olvidan, no les regañe. En su lugar, deles unos consejos amables.

Cora le dice a su padrastro, "¿Puedo tomar un vaso de jugo?" Él le da a Cora el jugo y dice, "Muchas gracias". Cora sonríe y dice, "Sí, claro, gracias". El papá dice, "Espero que me digas, por favor y gracias. Si la próxima vez te olvidas, no responderé a tu pedido".

Reconozca que no todos son iguales

Nuestro mundo está lleno de gente diferente una de la otra. Venimos de familias numerosas y de familias pequeñas. Somos de diferentes razas y religiones y tenemos valores distintos. Nos gustan actividades diferentes. Tenemos variados intereses, talentos y habilidades.

Enséñele a su hijo a que aprecie estas diferencias, y muestre que usted las valora.

Vea el lado bueno

Usted ha visto que los objetivos de la búsqueda de la atención, el poder, la venganza, y la demostración de incompetencia tienen su "otra cara". Esto es cierto también con respecto a otras cosas. Vea el lado positivo de lo que parece ser un problema. Vea en el niño empecinado a un niño con voluntad, vea en el niño susceptible, a un niño con sensibilidad. Reconocer esta alternativa ("la otra cara") es un buen método para aprender a no criticar.

Aliéntese a sí mismo

Las cosas llevan tiempo. Ayudar a que su hijo desarrolle su autoestima puede llevar tiempo. Durante este tiempo, deberá continuar alentando a su hijo. Tal vez le resulte difícil hacer esto si su hijo no responde como usted lo desea. Si es así, entonces es hora de alentarse a sí mismo. Usted está aprendiendo nuevos métodos de educación de los hijos. Usted está cambiando su manera de hablar y de actuar. Y mientras lo hace, ofrézcase el don del aliento o estímulo.

Tenga paciencia con usted mismo

Con frecuencia creemos que el aprendizaje es como un viaje de ida. Este viaje *sube,* como un automóvil que trepa una montaña. Pero realmente el aprendizaje no se desarrolla así. Por el contrario, es más bien como las mareas del mar. Con la marea alta, avanza. Después retrocede y luego avanza otra vez. El retroceso puede resultar desalentador. Es bueno recordar esto: cada vez que avanza, usted está más adelante de donde estaba la última vez.

Acuérdese que su hijo no es usted

Su hijo no es una muestra de su propio éxito o fracaso.
- A veces le irá bien a su hijo. Entonces siéntase feliz por su hijo en lugar de estar orgulloso de usted mismo.
- A veces le irá mal a su hijo. Entonces demuestre que usted comprende. No tiene por qué sentirse que es un fracaso como padre o madre.

Fije objetivos realistas

No fije objetivos para usted, o para su hijo, que pudieran acabar en desaliento. Nos resultará útil recordar las muchas maneras cómo vamos creciendo como padres.

Jack, que tiene 10 años, le dice a su mamá, "Odio ser gordo". La mamá sabe que Jack necesita adelgazar y hacer más ejercicio. Le dice a Jack, "Me gustaría ayudarte a bajar de peso. Nos vendría bien a todos comer mejor en esta casa". La mamá no tira todos dulces o alimentos grasos que tiene en la cocina. Tampoco lo anota para hacer ejercicio cinco días a la semana. La mamá sabe que si fuerza a Jack a hacer las cosas, no lo hará sentir satisfecho consigo mismo. Sabe que tampoco le va a venir bien a ella.

Entonces, la mamá comienza por cambiar de a poco las comidas y bocadillos de la familia. Compra más frutas y menos galletitas. Busca maneras de alentar a Jack para que haga un poco de ejercicio. Le pide que lleve al perro hasta el parque para que corra bastante. Le pide que baje a buscar la correspondencia. Sugiere salir a caminar juntos los fines de semana. Con todo esto, hace que Jack se sienta satisfecho consigo mismo. Ella le ayuda a que se ayude él mismo.

Use su diálogo interior para darse todo el aliento que necesita.

Use un diálogo interior positivo

En el Capítulo 2 usted examinó su diálogo interior y sus creencias y sentimientos. Use ese diálogo interior para darse aliento en pequeñas dosis. Hágalo todas las veces que pueda. Aliéntese como padre y como persona:

- "Manejé bien la pelea entre Ronnie y Susi".
- "Hoy no grité".
- "Escuché lo que José me decía".

Manténgase lo más sano posible

Si se sabe cuidar la salud, le va a ayudar a controlar mejor sus sentimientos y el comportamiento de su hijo. También le mostrará a su hijo que es importante cuidarse la salud.

Haga todo lo posible para comer comidas equilibradas y hacer algún tipo de ejercicio todos los días. Podría ser una caminata

Un paso de aliento
STEP

Esta semana, haga un esfuerzo especial para mostrar aceptación de su hijo. Note cómo esto puede hacer que su hijo desarrolle confianza en sí mismo.

Dese cuenta cuando tiene ganas de juzgar o criticar. En vez de hacerlo, busque un manera de dar su apoyo. Por ejemplo, usted podría decir:

- **"Sé que te cuesta llevarte bien con el entrenador. ¿Qué te parece que podrías hacer para que el entrenamiento vaya bien?"**

- **"Sé que no te gusta lavar los platos. Me pareció muy buena la idea que tuviste de escuchar la radio mientras trabajabas".**

- **"Sé que no era fácil esperar con paciencia en el consultorio del doctor. Gracias por el esfuerzo".**

Piense <u>cuándo</u> va a hacer esto y <u>qué</u> va a decir o hacer.

diaria o diez minutos de ejercicio sobre el piso de la sala. Aliente a su hijo para que vaya con usted.

Busque cosas saludables que puedan hacer juntos en familia. Hacer caminatas o ir en bicicleta. Jugar al vólibol. Ir a pie cuando se hagan mandados.

Dele el debido valor a su tiempo. No debe decir que sí cada vez que requieren de su tiempo. Una manera de preservar la salud es aprender a decir que no. Esto les muestra a sus hijos que ellos también pueden aprender a controlar su tiempo.

Tenga el coraje de ser imperfecto

Usted sabe que no debe esperar que su hijo desarrolle su autoestima de golpe. Usted tampoco debe esperar desarrollarse como padre en un instante. Usted y sus hijos son seres humanos. No son perfectos. En verdad, ¡jamás los serán!

Más al comienzo hablamos de la palabra aliento. Rudolf Dreikurs tenía una idea que llamó "el coraje de ser imperfecto". Con el coraje de ser imperfecto, usted tiene la voluntad de hacer un esfuerzo. Deja de preocuparse por lo que sucedió en el pasado. Se concentra en lo que está pasando hoy.

- **Esfuércese en ayudar a los demás, no en ser mejor que ellos.**
- **Considere los errores como una manera de aprender.**
- **Siéntase feliz con usted mismo y con los demás. Esto satisface más que andar criticando.**
- **Haga cambios pequeños; no intente convertirse en una nueva persona.**
- **Conozca sus propios puntos fuertes y buenas cualidades.**
- **Reconozca sus méritos.**
- **Considere la buena educación de los hijos como un reto que puede satisfacer y no como un problema que debe superar.**

Usted ha dado otro gran paso

En el Capítulo 3, ha aprendido muchas formas de ayudar a su hijo y a usted mismo:

- Ha visto como la el autoestima y el aliento están relacionados.
- Encontró formas de mostrar aceptación, fe y reconocimiento.
- Aprendió la diferencia que hay entre el elogio y el aliento.
- Vio que demasiado elogio puede resultar desalentador.
- Aprendió y practicó el idioma del aliento o estímulo.
- Consideró varias maneras de expresar aliento o estímulo.
- Encontró coraje para ser imperfecto.

ESTA SEMANA

Esta semana, busque maneras de alentar a su hijo. Busque todas las que pueda. En cada ocasión, note:

- qué ocurrió
- cómo alentó usted a su hijo
- cómo reaccionó su hijo

SÓLO PARA USTED

Alentarse uno mismo

Alentarse usted mismo es tan importante como alentar a sus hijos. Si usted no se siente alentado, animar a sus hijos resultará más difícil. Es un caso de "No puedo dar lo que no tengo".

Cuando usted se siente alentado, pierde el miedo al fracaso. Puede ver sus aptitudes con más claridad. Una forma de alentarse usted mismo es pensar, escribir y creer en conceptos como:

- Soy una persona de actitud positiva.
- Soy una persona capaz.
- Puedo cambiar.
- Me quiero a mí mismo.

Medite sobre estos conceptos que alientan. ¿Qué significan para usted? ¿Qué otra cosa podría decir de usted mismo? Piense en otro concepto que da aliento y que tenga relación con usted.

Repase estos conceptos. Escríbalos en un papel y péguelos en el espejo o guárdelos en su billetera o en su bolsa.

Para su Familia

Busquen ideas para divertirse juntos. Para inspirarse, haga que todos ofrezcan ideas, como una tormenta de ideas. No rechace ninguna. A veces hay ideas que parecen tontas o imposibles. No se apure a juzgarlas. Una idea "tonta" podría ayudar a que alguien venga con otra realmente buena.

Elija por lo menos una manera de divertirse todos juntos como familia. Planifique qué van a hacer y cuándo lo harán. Después cúmplanlo. ¡Diviértanse!

PUNTOS PARA RECORDAR

1. Alentar es una acción que ayuda a que los hijos acrecienten su autoestima. Les muestra que son importantes, capaces y queridos.

2. Usted alienta cuando usted:
   - ama y acepta a su hijo
   - nota los esfuerzos que hace su hijo
   - aprecia a su hijo
   - tiene fe en su hijo

3. El elogio es una recompensa que ganan los hijos. Les enseña a complacer a los demás.

4. El aliento es un regalo. Es para todos. Se lo puede dar por mérito al esfuerzo. Se lo puede dar cuando al hijo no le salen bien las cosas. Y se lo puede dar simplemente porque el hijo *es* quien es.

5. Aliente a su hijo todas las veces que pueda.

6. Los hijos necesitan aliento adicional durante los tiempos difíciles de la familia.

7. Usted también alienta a sus hijos cuando demuestra respeto por usted mismo y por los demás.

8. Fijar objetivos realistas le alentará a usted y a su hijo.

Tabla 3

EL IDIOMA DEL ALIENTO O ESTÍMULO

Palabras que dicen "Te acepto"	Palabras que dicen "Sé que puedes"	Palabras que dicen "Veo que trabajas y estás mejorando"	Palabras que dicen "Te aprecio"
"Parece que el ajedrez te gusta mucho".	"Seguro que lo puedes hacer. Ya lo tienes medio hecho".	"¡Cuánto trabajo has puesto en esto!"	"Yo necesitaba tu ayuda y tú me ayudaste".
"¿Qué impresión te causa?"	"Estás progresando mucho".	"Te estás poniendo cada vez mejor con las fracciones".	"Gracias. Eso me ayudó mucho".
"Ya veo que estás contento por eso".	"Confío en tu opinión".	"Fíjate todo lo que has hecho".	"Fue muy considerado de tu parte hacer eso".
"Me parece que no estás satisfecho. ¿Qué podrías hacer para sentirte mejor?"	"Eso es bastante difícil, pero creo que lo vas a resolver".	"Parece que has puesto mucho cerebro en esto".	"La verdad que te agradezco mucho cuando me ayudas. Así comprar en el supermercado se hace mucho más fácil".
"Parece que te gustó eso".	"Necesito que me ayudes a arreglar esto".	"Ya veo que estás adelantando".	"Necesito que me ayudes a planear el picnic".
"Hiciste lo que pudiste, no se puede pedir más".	"Ya lo vas a resolver".	"Te podrá parecer que todavía te falta mucho, pero fíjate todo lo que has hecho".	"Tu eres hábil en _____. ¿Podrías hacer eso para la familia?"
"Me gusta tu sentido de humor."	"Sabiendo como eres, estoy seguro que te irá muy bien".		"Me gustó mucho el partido que jugamos. Gracias".
"¡Qué bueno que te gusta aprender!"			

Cómo se logra el coraje de ser imperfecto

Usted ya casi completó la mitad de STEP. Con frecuencia, los padres se sienten culpables cuando llegan aquí. Usted podría pensar que ha venido criando "mal" a sus hijos. Téngase un poco de paciencia. Recuerde las metas de la buena educación de los hijos:

- **criar un hijo que sea feliz, seguro de sí, cooperador y responsable**
- **formar una sólida unión entre los integrantes de la familia**
- **criar un hijo que sepa dar y recibir amor**

Podemos agregar otra idea importante más que le ayudará a lograr estos objetivos. Es tener el coraje de ser imperfectos.* Con este coraje, usted puede:

1. Alentar a sus hijos a que hagan esfuerzos, sin esperar la perfección.

2. Considerar los errores como una manera de aprender, y no como fracasos.

3. Comprender que los errores son cualidades del ser humano, y que siempre los cometerá.

4. Hacer lo que pueda, y aceptar los resultados de su esfuerzo.

5. Tomar otro paso positivo más

6. Acrecentar sus propios puntos fuertes y sus méritos.

7. Crear un respeto mutuo al valorarse a sí mismo.

8. Conseguir el coraje para enfrentar los desafíos de la vida.

Al leer este libro, usted demuestra con toda claridad que usted está dispuesto a estudiar nuevas ideas. Es una demostración de madurez. ¡Reconózcalo y aliéntese a sí mismo mientras continúa progresando!

---

*Dr. Rudolf Dreikurs, psiquiatra conocido internacionalmente, quien elaboró por primera vez la idea del coraje de ser imperfecto.

CAPÍTULO CUATRO

Cómo escuchar
y hablarle
a su hijo

La comunicación es la clave de la mayoría de las relaciones humanas. Piense lo que ella significa en una amistad. Los amigos conversan. Se escuchan mutuamente. La amistad crece escuchando y compartiendo.

Cuando nuestros amigos tienen problemas o cometen errores, consideramos sus sentimientos. Les escuchamos y tratamos de ayudarles. Hacemos esto porque respetamos y valoramos a nuestros amigos.

Debemos tratar a nuestros hijos de la misma manera. Esto crea una relación más profunda.

Cuando usted está disgustado, probablemente le habla a un amigo. Usted quiere que su amigo le escuche, le comprenda y acepte lo que usted está sintiendo. Cuando está disgustado, su hijo quiere hacer lo mismo.

A veces un padre quiere "arreglar" el problema. Es natural desear esto. Pero, ¿sirve para ayudar?

Una madre podría decir, "No te tienes que enojar". O, "Te debería dar vergüenza gritar de esa manera". "No seas un chiquilín". Cuando decimos tales cosas, un hijo podría interpretar, "Lo que siento está mal". "Mi mamá cree que soy malo".

Un padre podría decir, "No te preocupes. Ya se va a arreglar". Un hijo podría interpretar, "My papá no entiende que esto es importante".

No siempre podemos "arreglar" un problema. Tampoco podemos hacer que los sentimientos de nuestro hijo desaparezcan. ¿Qué podemos hacer? Podemos demostrarle que estamos interesados.

He aquí lo que aprenderá . . .

- **Para tener una buena relación, conversen y usen técnicas apropiadas.**

- **Usted puede escuchar para captar lo que su hijo siente.**

- **Usted puede mostrarle a su hijo que está bien hablar de los sentimientos.**

- **Usted puede hablar de problemas sin culpar a nadie.**

Podemos mostrarle que comprendemos y aceptamos los sentimientos del hijo, aún cuando no estamos de acuerdo con él. Demostramos nuestra aceptación con el tono de voz y por las palabras que usamos. Comunicamos un sentido de respeto. Esto es mejor que dar consejos, lo cual no les ayuda a los hijos a resolver problemas. Con los consejos, el hijo puede confiar en nosotros o desestimar el consejo. Cuando escuchamos, le damos al hijo una ocasión para que piense.

¿Cómo aprendo a saber escuchar?

La comunicación consta de dos partes: escuchar y hablar. Para ayudarle a su hijo a comunicarse con usted, escúchele atentamente y háblele con respeto.

Escuche para captar sentimientos

¿Por qué es importante escuchar para captar sentimientos? Les hace saber a los hijos que se los entiende. Les permite analizar qué sienten y por qué. Les puede permitir analizar un problema a fondo. Les hace saber a los hijos que está bien hablar de los sentimientos.

Cómo escuchar para captar sentimientos

Escuchar para captar sentimientos es una habilidad especial. Se llama *escuchar reflexivamente*. Se hace de la siguiente manera:

1. **Escuche. Demuestre con su actitud corporal que está escuchando. Tal vez se deba inclinar. Tal vez se tenga que sentar al lado de su hijo. Interrumpa lo que estaba haciendo. Mire a su hijo. Dele toda su atención a su hijo.**

2. **Capte los sentimientos. Escuche las palabras de su hijo. Pregúntese, "¿Qué siente mi hijo en este momento? Busque una palabra que describa ese sentimiento. También pregúntese, "¿Por qué se siente mi hijo de esta manera? ¿Qué lo llevó a sentirse así?"**

3. **Escuche de una manera reflexiva. Escuchar reflexivamente es repetir lo que usted cree que su hijo siente y dice. Considérese como un espejo que *refleja* los sentimientos de su hijo. Usted también refleja la *razón* que motivó ese sentimiento.**

Para escuchar reflexivamente, comience usando las palabras "Te sientes" antes de decir el sentimiento y "porque" para decir la razón que motiva el sentimiento:

Trate a su hijo como trataría a su mejor amigo.

- "*Te sientes* celoso *porque* eligieron a Miguel y a ti no".
- "*Te sientes* decepcionada *porque* Petra no te llamó".
- "*Te sientes* impaciente *porque* quieres usar el teléfono".

Después de un tiempo, se hace más natural escuchar reflexivamente. Entonces puede usar sus propias palabras:
- "¿Estás ofendida porque Carlos no te invitó a la fiesta?"
- "Te sientes sola en nuestro apartamento nuevo".
- "Pareces que estás ansioso por ir a la práctica".

Describa el sentimiento lo más exactamente que pueda. Frases como "un poco" o "muy" le podrán servir aquí:
- "Pareces un poco preocupado por cómo te fue en el examen".
- "Estás muy enojada porque te dije que debías quedarte en casa".
- "Parece que a nadie le importa, y tu te siente muy excluida".

Sara y su hijastra Carla fueron a un carnaval. Se subieron a unos juegos y comieron antojitos especiales. Cuando era hora de irse, Carla empezó a rogarle, lloriqueando. "No, todavía no nos podemos ir", decía quejosa. "¡Todavía no fui en el cohete!" Sara le dijo, "Te sientes infeliz porque nos tenemos que ir. Es difícil irse cuando te estás divirtiendo".

Sara le podía haber dicho a Carla, "Basta de quejas. ¿Por qué tienes que arruinar el día de esta manera?" Pero en ese caso, Carla se hubiera olvidado de lo bien que ella y Sara la habían pasado. Se acordaría solamente de que Sara había "arruinado" las cosas. Por el contrario, Sara le hizo ver a Carla que ella comprendía cómo se sentía ella. Le dio a Carla la oportunidad de terminar el día acordándose de lo bien que la habían pasado.

Los hijos no siempre usan palabras para decirnos cómo se sienten.

También póngase a buscar sentimientos

Los hijos no siempre usan palabras para comunicarse. A veces están callados, pero sonríen, o ponen cara seria, o lloran. A veces se retraen o andan cabizbajos. Al igual que cuando escucha palabras, pregúntese, "¿Qué siente mi hijo en este momento?" Fíjese qué le dicen a usted la cara y los gestos de su hijo. Después describa los sentimientos que ve:

- "Cuando arrugas la frente parece que me dices que no estás de acuerdo".
- "Cuando pones esa cara tan linda, parece que estás muy feliz".
- "Me parece que estás muy disgustada. ¿Quieres contarme lo que te pasa?"

Palabras que describen "felicidad"	Palabras que describen "disgusto"
apreciado	enojado
mejora	burrido
cómodo	confundido
entusiasmado	decepcionado
agradecido	frustrado
buenísimo	culpable
felizo	fendido
complacido	excluido
orgulloso	humillado
aliviado	desdichado
satisfecho	inútil

Cómo se encuentran los sentimientos

Tres palabras que expresan sentimientos y que se usan por demás son "bien", "mal", "enojado". Estas palabras rara vez expresan toda la situación.

Estudie la lista de palabras de más arriba. Use esas palabras cuando sirvan para describir los sentimientos de su hijo.

Algunas cosas para tener en cuenta

Escuchar para captar sentimientos puede ser algo nuevo para usted y su hijo. He aquí algunas sugerencias para comenzar.

Su hijo puede estar sorprendido. Es probable que su hijo note su nueva manera de escucharle. Un hijo podría decir, "Bueno sí, eso es", y después se va. No obligue a su hijo a compartir con usted lo que siente. Él puede creer que usted se mete en sus cosas. Obligar al hijo a que hable puede provocar una confrontación de poder.

No se desaliente si su hijo no colabora inmediatamente. Más bien, espere la próxima oportunidad para escuchar y hablar sobre sentimientos. Quizás su hijo quiera hablar. En ese caso, usted podría preguntar, "Quieres hablar un poco más de esto?"

Use un tono de pregunta respetuoso. Nunca puede tener la certeza que usted sabe exactamente lo que su hijo siente:

Lucía volvió de la escuela y cerró la puerta de un portazo. Se fue derecho al sofá y se sentó. Tenía cara de enojada. Su papá le dijo, "Un día malo en la escuela, ¿no?"

"La escuela estuvo bien", dijo Lucía. "¡Pero <u>odio</u> viajar en ese <u>estúpido</u> ómnibus!" El papá se sentó al lado de Lucía. Le dijo, "Pareces muy enojada. ¿Quieres hablarme de esto?"

El papá pensaba que Lucía había tenido un problema en la escuela. Estaba equivocado. Por su tono de voz, Lucía se dio cuenta que él se preocupaba y quería ayudarla. Por eso le dijo algo más. Él no le dijo que no gritara. Le hizo ver a Lucía que podía seguir hablando con él.

Estudie sus propios sentimientos. A veces, uno se puede exceder cuando trata de captar sentimientos. Se puede convertir en un objetivo del mal comportamiento de su hijo. Si usted sospecha qué puede estar pasando, estudie sus propios sentimientos. ¿Está irritado, enojado, desalentado?

Jerry estaba escribiendo un ensayo para ciencias sociales. Se pasó todo el fin de semana yendo a la madre y quejándose. Cada vez, la mamá le escuchaba y trataba de comprender cómo se sentía Jerry. Pero, el domingo por la tarde, se sintió irritada y pensó que Jerry buscaba su atención, no su ayuda. Entonces le dijo, "Hemos hablado mucho de esto todo este fin de semana. Me parece que no te puedo ayudar a hacerlo. Pero sé que podrás terminar tu ensayo". Luego la mamá se llevó el periódico del domingo a la cocina y no dijo nada más.

La mamá vio que Jerry quería demasiada atención. Resolvió no dársela, pero se mantuvo respetuosa. A Jerry probablemente no le gustó. Pero pudo ver que su mamá lo respetaba. La mamá le hizo ver a Jerry que debía tener voluntad para trabajar en su propio problema. Le demostró que tenía confianza en él.

Escuchar reflexivamente es útil cuando tiene que decir que no. A veces tiene que decirle no a su hijo. Cuando lo hace, su hijo puede disgustarse. Trate de captar lo que su hijo siente. Dele su reacción. Entonces su hijo sabrá que usted ha captado sus sentimientos.

- "Veo que estás enojado, pero arrojar cosas no está bien. Si quieres hablar conmigo del problema, voy a estar en la cocina".
- "Estás desilusionado. No crees que yo sea justa. Pero no te puedo mandar al campamento si tienes fiebre".

Si su hijo intenta discutirle, retírese de la habitación. Cuando su hijo esté de mejor genio, hagan algo divertido juntos.

Cuando reaccionamos de esta manera, es posible que nuestros hijos no se sientan más felices. Pero aprenden que sus sentimientos están bien, aunque sus acciones no lo estén.

No siempre es necesario escuchar reflexivamente. La reacción de su hijo no será siempre cuestión de sentimientos:

- "¡Seguro, pizza!" Esto no necesita respuesta.
- "¿No puedo hacer mis quehaceres después de almorzar?" Esto podría ser un pedido directo.

A veces usted no podrá hablar con su hijo cuando él quiere. Dígale que podrán hablar más tarde: "Estás preocupado y quieres hablar del problema. En este mismo momento, tengo que terminar mi trabajo. Hablemos del asunto durante la cena".

Dele más tiempo

Escuchar reflexivamente puede no resultar natural al comienzo. Recuerde *por qué* lo está haciendo. Para demostrarle a su hijo que usted escucha, comprende y acepta sus sentimientos. También, pensar unos segundos antes de hablar le podrá ser útil. No dirá así algo que realmente no quería decir.

Al igual que cualquier habilidad, escuchar reflexivamente llevará tiempo y práctica. ¡Persevere! Con el tiempo le parecerá más natural. Verá cómo les ayuda a usted y a su hijo. Podrá ver que los dos se entienden mejor.

¿Cómo le puedo hablar a mi hijo para que me escuche?

Ya vio que escuchar reflexivamente y hablar van juntos: Usted escucha para captar sentimientos. Después usted da su reacción. Veamos cómo podría expresarle a su hijo lo que *usted* siente.

Hable con respeto

Cuando usted tiene un problema con su hijo, usted tiene que hablar del tema. Cuando lo haga, exprese sus sentimientos de manera considerada.

Diego y Ramón son hermanos. Están forcejeando en la sala mientras su mamá habla con su amiga de algo serio. La mamá se está poniendo enojada. Quiere gritarles, "¡Ustedes dos parecen animales! ¡Termínenla!"

Pero la mamá piensa antes de hablar. Le dice a su amiga, "Perdóname un minuto". Le dice a los muchachos, "Cuando andan a los empujones y hacen ruido, me siento desanimada porque Reina y yo no podemos escuchar lo que estamos diciendo. Podrían encontrar algo para hacer aquí en silencio. O se van a luchar en su habitación. Ustedes elijan".

¿Qué pasaría si tratáramos a nuestros amigos como a veces tratamos a nuestros hijos?

La mamá tenía ganas de gritar. Pero sabía que eso sólo les mostraría a Diego y Ramón que los gritos son un método para resolver problemas. Los muchachos ya estaban "acelerados". Si la mamá les gritaba, esto se hubiera convertido en una puja de poder.

Más bien, la mamá prefirió actuar con respeto. No juzgó a los chicos diciéndoles palabras desagradables. Comprendió que querían jugar. Su reacción les hizo entender a los chicos que el silencio que ella necesitaba era importante.

¿Se portarán bien Ramón y Diego? Si lo hacen, la mamá les dirá después, "Les agradezco que no hicieron ruido mientras Reina y yo hablábamos". Si no lo hacen, la mamá tendrá que seguir usando palabras respetuosas: "Ya veo que han decidido irse a su habitación. Muy bien, los acompaño". Entonces la mamá tranquilamente se lleva a los chicos a la habitación de ellos. No necesita decir una palabra más".

Las palabras respetuosas que escuchen alentarán a Diego y Ramón. Les enseñarán cómo deberán hablar a otras personas cuando ellos no estén de acuerdo con su conducta.

¿Qué tipo de palabras respetuosas podemos usar? Una manera de hablar sobre problemas es con un "mensaje en yo".

Los mensajes en tú disminuyen a los hijos

Cuando hablamos a los hijos podemos usar "mensajes en tú" y "mensajes en yo". Los mensajes en tú disminuyen al otro, lo culpan, lo enojan. Con frecuencia utilizan o implican la palabra *tú* o *te:*

- "(Tú) sabes muy bien que no es así".
- "¡Te dejas de molestar!"
- "¡(Tú) termina con eso!"

¿Qué aprenden los hijos?

Los hijos que escuchan demasiados mensajes en tú terminan por sentirse desalentados. Podrán rebelarse, sentirse inútiles, dejar de escuchar. Los mensajes en tú achican la autoestima, no les enseñan a los hijos a cooperar, y son desalentadores.

Los mensajes en yo demuestran respeto

Una mejor manera de hablar de un problema es usando un mensaje en yo. Los mensajes en yo le muestran a su hijo cómo se siente usted cuando el niño no le reconoce sus derechos. Se centran en usted en vez del hijo. Los mensajes en yo no califican ni culpan. Cuando usted usa un mensaje en yo, usted dice simplemente cómo se siente.

Los mensajes en yo tienen tres partes

Para usar un mensaje en yo, haga tres cosas:

1. Diga lo que *está ocurriendo.*
2. Diga qué *siente.*
3. *Explique* por qué se siente así.

Aquí tenemos un mensaje en yo:

- **"Cuando no me llamas, me siento preocupada porque no sé dónde estás".**

Usa las siguientes palabras:

1. Cuando   *"Cuando* no me llamas,
2. me siento   *me siento* preocupada
3. porque   *porque* no sé dónde estás".

Una vez que entienda las partes de un mensaje en yo, use las palabras que le resulten más naturales para usted:

- "Me dio un susto cuando encontré la plancha conectada. Podríamos haber tenido un incendio".

Elija si prefiere decir cómo se sentía o sólo mencionar el problema:

- "No puedo poner la mesa si está cubierta de juguetes".

Las cosas más importantes que se deben recordar de un mensaje en yo:

- **Se refieren a *usted,* no a su hijo.**
- **No le echan la culpa a nadie.**

¿Qué aprenden los hijos?

Los mensajes en yo les hacen saber a los hijos qué significan para usted las acciones de ellos. Los hijos escuchan una manera de hablar sobre los problemas sin culpar a nadie. Aprenden a compartir sus sentimientos de una manera que facilita resolver un problema.

Un mensaje en yo también demuestra respeto hacia usted. Le permite ser franco sobre cómo se siente y qué desea. Demuestra respeto por su hijo. También indica que usted espera cooperación.

Póngase a buscar el verdadero problema

Al comienzo, puede parecer difícil explicar lo que usted siente con un mensaje en yo. Puede ser útil pensar en esto: La mayoría de las veces, lo que nos incomoda no es lo que hacen nuestros hijos. Lo que nos incomoda son los resultados de sus acciones.

Janet frecuentemente no se cepilla los dientes. Sus padres están preocupados por las posibles caries y encías irritadas. Temen las cuentas del dentista. Temen que los amigos de Janet se burlen de ella por su mal aliento.

Por supuesto, es importante que Janet se cepille los dientes. ¿Qué es lo que realmente preocupa a los padres de Janet? ¿Es lo que puede ocurrir por no cepillarse los dientes?

Analizar los resultados y cómo se sienten por ellos les resulta útil a los padres de Janet. Encontrarán mejores palabras para hablar del problema. No dicen, "¡Mejor te cepillas los dientes, que si no . . .!" Al contrario, dicen:

"Cuando no te cepillas, nos preocupa pensar qué les va a pasar a tus dientes. No es nada agradable cuando te tienen que empastar una caries".

Ofrezca opciones

Podemos ofrecer opciones con nuestras palabras. ¿Se acuerda de Ramón y Diego retozando en la sala? La mamá puede agregar una opción a su mensaje en yo, diciendo, "Pueden jugar sin hacer ruido aquí o vayan con su juego y el ruido a su habitación o se van afuera. Ustedes elijan". Estas palabras les dan a los hijos opciones sobre qué y dónde pueden jugar. Ella también les demostró que esperaba que sus hijos cooperaran.

Las tres partes de un mensaje en yo

Los mensajes en yo usan estas palabras:

1. **Cuando** — "<u>Cuando</u> el piso está mojado,

2. **me siento** — <u>me siento</u> preocupado

3. **porque** — <u>porque</u> alguien podría resbalar y lastimarse".

Tenga cuidado cuando está enojado

Es importante no poner sus sentimientos de enojo en su mensaje en yo. El enojo hace muy difícil que los hijos *no* se sientan acusados de haber provocado el enojo. No queremos decir que nunca debe enojarse con su hijo. Sino que, con mucha frecuencia, expresar enojo crea problemas:

Un hijo podría buscar más poder o venganza. Cuando usted se enoja, el hijo sabe que los intentos de él de mandar o de desquitarse ya están en marcha.

Un hijo puede sentirse amenazado y dejar de hablarle a usted. Las buenas relaciones necesitan de la comunicación.

Para alejarse del enojo:

- De un mensaje en yo *antes* de sentirse realmente enojado. Por ejemplo, podría comenzar sintiéndose preocupado, temeroso o decepcionado. En ese momento, le podría hablar a su hijo usando un mensaje en yo. De esta manera podría evitar sentirse más disgustado.
- Concéntrese en sus creencias y en cambiar sus sentimientos de enojo. El Capítulo 2 da muchas ideas para ayudarle a hacer esto.
- Busque los momentos para hablar con su hijo cuando usted no está enojado. Encuentre tiempo para divertirse juntos.

Estoy realmente enojado. ¿Qué debo hacer?

1. **Aléjese de su hijo. Retírese de la habitación. Váyase a caminar. Llame a un amigo. Si no puede dejar al hijo solo, llame a un amigo y pídale que le ayude.**

2. **Busque ayuda para usted mismo. Si usted está tan enojado que teme lastimar a su hijo, hay consejeros profesionales que pueden ayudarle.**

Esté dispuesto a escuchar

Cuando usted da un mensaje en yo acerca de un problema, su hijo podría querer hablar del problema. Entonces usted querrá usar todas sus habilidades de comunicación.

La mejor amiga de María, Tina, se mudó lejos. Unas semanas más tarde, el papá de María recibió una cuenta de teléfono enorme. Le dijo a María, "No pude creer cuando vi esta boleta de teléfono. Nuestro presupuesto no alcanza para tantas llamadas de larga distancia". María dijo, "Pero, papá, Tina se siente sola. No conoce a nadie en su nueva ciudad. Le prometí que la iba a llamar".

El papá le dijo, "Parece que tú la extrañas mucho también. Es muy penoso cuando tu mejor amigo se muda a otra parte". "Sí, claro", dijo María, "y yo trato de hablar poco tiempo, pero el tiempo pasa tan rápido".

"¿Pensaste en otras maneras de estar en contacto?", le preguntó el papá. Entonces el papá y María hablaron un poco más. Resolvieron que María podría hablarle a Tina por diez minutos dos veces por mes. El resto del tiempo, María y Tina podrían grabar unos mensajes y mandarlos por correo.

Aquí, el mensaje en yo del papá abrió la puerta del diálogo entre María y su papá. Pasaron muchas cosas buenas. El papá notó que María extrañaba a su amiga. María vio que su papá estaba interesado en los problemas de ella. El papá también le mostró a María que podían resolver problemas conversando.

A veces, pregunte no más

Usted no puede usar mensajes en yo siempre. Si usted los usa en toda ocasión, su hijo hará algo que a usted no le va a gustar, su hijo dejará de escucharlo. A veces un simple pedido es la mejor manera de conseguir cooperación:

- "¿Le puedes dar de comer al gato, por favor?"
- "Sería bueno que limpies la tina del baño después de bañarte"
- "Por favor cierra con llave apenas entras en la casa".

También dé mensajes en yo usando un tono amistoso

¡A los hijos les encanta escuchar mensaje en yo amigables! Son un medio maravilloso para alentar:

- "Da gusto llegar a casa hoy y encontrar tu alegre sonrisa".
- "Vi que guardaste la ropa lavada. Muchas gracias".

Escuchar para captar sentimientos y usar mensajes en yo le ayudarán a comunicarse con su hijo. Estas habilidades le ayudarán a guiar, no controlar, a su hijo. Con muchos hijos, crear respeto y confianza lleva mucho tiempo. No abandone. Tenga presente el desafío que le plantea la buena educación de sus hijos:

- **criar un hijo que sea feliz, sano, seguro, cooperador y responsable**
- **formar una sólida relación con su hijo que dure toda la vida**
- **ayudar a que su hijo llegue a ser un adulto responsable**
- **criar un hijo que sepa dar y recibir amor**

A veces es difícil impedir que el enojo entre en su mensaje en yo.

Note cuando su hijo hace cosas que ayudan. Note cuando él o ella es responsable. Ofrezca un amable mensaje en yo, o diga "He notado . . ." He aquí algunos ejemplos:

- **"He notado que has pasado la aspiradora después de haber comido palomitas de maíz en la sala".**

- **"Noté que fuiste paciente con tu hermanita".**

Usted acaba de dar otro gran paso

En el Capítulo 4, estudió habilidades para la comunicación y cómo le pueden ayudar a crear una mejor relación con su hijo.

- Aprendió que cuando escucha para captar sentimientos, le muestra a su hijo que usted comprende. También le ayuda a su hijo a expresar sus sentimientos y a resolver problemas.

- Ha visto que se pueden captar sentimientos observando y también escuchando.

- Aprendió un método para expresar cómo se siente usted sin culpar ni juzgar.

- Ha incorporado otras técnicas para respetar a su hijo y ser respetado.

ESTA SEMANA

Empiece por notar qué es lo *primero* que quiere decirle a su hijo cuando se comporta mal. No se ponga a hablar sin pensar.

En su lugar, piense en maneras respetuosas de hablar con su hijo. Aplíquelas todas las veces que pueda:

* Escuche reflexivamente.
* Use mensajes en yo.

SÓLO PARA USTED

El conflicto en las relaciones adultas

Un conflicto con otros adultos puede ser extremadamente angustioso. Cuando usted tiene un conflicto con su cónyuge, un pariente, con colegas de trabajo, o con un amigo, le ayudará conversar sobre las opciones, explorándolas a fondo.

Usar los cinco pasos que aprenderá en el Capítulo 5 le ayudará en sus relaciones con otros adultos. También esté dispuesto a considerar estas ideas:

* Mantenga el respeto mutuo.
* Considere que el problema puede resolverse. Esté dispuesto a esforzarse un cien por ciento para resolverlo.
* Identifique el problema verdadero. Las palabras del conflicto podrán ser referentes al dinero y a las tareas. Muchas veces el problema *verdadero* es quién tiene la razón, quién manda, o qué se considera justo.
* En un conflicto, la gente involucrada se ha puesto "de acuerdo para pelear". Cambie ese acuerdo, cambiando su conducta.
* Esté dispuesto a transar o llegar a un acuerdo. Invite a que participen en la toma de decisión.

Para su *Familia*

Pase unos minutos conversando de un problema. Por ahora, elija uno que no sea demasiado grande. Ayude a que su familia encuentre un nuevo punto de vista para considerar el problema. Empiece mostrándoles una manera de hacerlo. Por ejemplo:

Ángela podría decir, "¡Beni es egoísta! ¡No quiere compartir!" Usted podría decir, "A Beni le gustan mucho las papas fritas. Tal vez se las come todas sin darse cuenta. Beni, ¿sabías que Ángela también quiere papas fritas?"

Es posible que Beni sepa muy bien que Ángela quiere papas fritas. Está bien no "hacerlo quedar mal" aquí. Esto permite que todos puedan ver el problema de una manera nueva. Le ayuda a Beni a considerar compartir sin sentirse disminuido. Le muestra a Ángela un modo de hablarle a Beni que le podría convenir más a ella.

PUNTOS PARA RECORDAR

1. La comunicación es importante para su relación con su hijo.

2. Los hijos quieren que sus padres les escuchen, comprendan y acepten sus sentimientos.

3. Cuando usted escucha reflexivamente, usted se hace eco del sentimiento de su hijo y de la razón que lo motiva. Comience usando las palabras "Sientes" y "porque":
   - "*Sientes* celos *porque* a Miguel lo eligieron y a ti no".
   - "*Te sientes* decepcionada *porque* Petra no te llamó".

4. Los mensajes en tú rebajan o culpan a los hijos.

5. Los mensaje en yo describen cómo se siente usted sin culpar a nadie. Para usar un mensaje en yo, diga lo que está ocurriendo, cómo se siente usted, y por qué se siente así. El mensaje usa estas palabras:
   - Cuando   "*Cuando* no me llamas,
   - me siento   *me siento* preocupada
   - porque   *porque* no sé dónde estás".

6. Evite usar mensajes en yo con enojo.

7. Si usted está realmente enojado, aléjese de su hijo. Tranquilícese o busque ayuda para usted mismo.

8. Crear respeto y confianza lleva mucho tiempo. No se rinda.

Tabla 4

MENSAJES EN TÚ Y MENSAJES EN YO

Mensaje en tú	Mensaje en yo
"¿Por qué no puedes limpiar la cocina como se debe? ¡Yo no soy tu sirvienta!"	"Cuando la cocina no está limpia me siento decepcionada. Parece que aquí esperan que yo haga todo el trabajo".
"Por lo menos una vez, ¿no puedes llegar temprano a la parada del ómnibus?"	"Necesito que llegues a tiempo para tomar el ómnibus. Cuando debo esperar por si tengo que llevarte a la escuela o no, llego tarde al trabajo".
"¿Quién te dio permiso para usar la ropa buena y jugar afuera?"	"Cuando te pones a jugar vestida con tu ropa buena, la ropa se gasta pronto. Esto me preocupa porque no tengo dinero para comprarte más ropa".
"¡A mí usted no me habla de esa manera!"	"No siento que me respetas cuando escucho semejantes palabras".
"¿No te das cuenta que estoy ocupada?"	"Ahorita no puedo interrumpir esto. Te agradecería si esperas un minuto".

CAPÍTULO CINCO

Cómo ayudar a

sus hijos *para que*

aprendan a **cooperar**

Queremos que nuestros hijos lleguen a hacerse adultos responsables. Tendrán que aprender a cooperar para poder vivir, trabajar y jugar con los demás. Como padres de familia, una de nuestras tareas será enseñar la cooperación. Una manera importante de hacerlo es siendo cooperativos nosotros mismos. De esta manera les demostramos a nuestros hijos lo que es la cooperación.

¿Qué es la cooperación?

La *cooperación* significa trabajar en conjunto. No quiere decir que los niños hacen lo que las personas mayores les ordenan. En este capítulo se verán muchas maneras de enseñar a cooperar a nuestros niños. Se verá cómo puede su familia cooperar para resolver dificultades. También se verá que la cooperación puede lograr que la vida en familia sea más agradable.

¿Cómo puedo ayudar a mi hijo a cooperar?

Cuando tenga un problema con su hijo o hija, decida cómo enfrentarlo. En primer lugar, pregúntese, "De quién es este problema? ¿Es mío? ¿O es de mi hijo?" En otras palabras, quién es el "dueño" del problema?

He aquí lo que aprenderá . . .

- **Cooperar significa trabajar en conjunto.**

- **Los niños pueden hacerse responsables de algunos de sus propios problemas.**

- **Usted y su hijo o hija pueden hablarse y resolver los problemas entre los dos.**

- **Las reuniones familiares ayudan a los miembros de la familia a disfrutar mutuamente y resolver problemas juntos.**

Decida quién es el dueño del problema

Para decidir quién es el dueño del problema, hágase cuatro preguntas:

1. **¿Es que no se están respetando mis derechos?**
2. **¿Pudiera resultar en daño para alguien?**
3. **¿Está en peligro la propiedad de alguien?**
4. **¿Es mi hijo demasiado pequeño para hacerse responsable por este problema?**

- **Si la respuesta a *cualquiera* de estas preguntas es sí, entonces el problema es de usted.**
- **Si la respuesta a *todas* las preguntas es no, entonces su hijo es el dueño del problema.**

Sofía tiene 11 años. Su hermano Miguel tiene 9. Están afuera jugando con sus amigos. El papá mira para afuera y ve a sus hijos discutiendo sobre a quién le toca ser "el que sale a buscar a los escondidos". El papá los observa por un minuto. Entonces se aparta de la ventana. El papá sabe que Miguel y Sofía son dueños de este problema.

- ¿Y suponiendo que los niños hubieran estado discutiendo dentro de la casa? Si el ruido molestara al papá, sus derechos no hubieran sido respetados. En ese caso, él sería el dueño del problema.
- ¿Y suponiendo que los niños hubieran empezado a pegarse y patearse? Si alguien pudiera lastimarse, entonces el papá sería dueño del problema.
- ¿Y si Miguel tuviera solamente tres años? Es posible en ciertos casos que un niño de tres años sea dueño del problema, pero no cuando la otra persona es mucho mayor y más fuerte que él. El papá sería el dueño del problema si uno de los niños fuera tan pequeño. Después de separarlos, el papá pudiera decirles, "Si no pueden jugar sin pegar, van a tener que estar separados. Avísenme cuando puedan resolver su problema sin pegarse".

La persona que es dueña del problema tiene la responsabilidad de resolverlo. ¿Quiere decir esto que usted no debe ayudar a su hijo a resolver problemas? No. A veces usted debe ayudar a su hijo. Pero si el problema es del niño, entonces es él quien debe hacerse cargo.

Julio, que tiene 10 años, está hablando por teléfono con un amigo. Su abuela puede oír que están discutiendo. Oye que Julio exclama, "¡Eso no es justo! ¡De eso nada!" Suena enojado. La abuela no dice, "¿Qué pasa? ¿Hay un problema?" No trata de hablar con el amigo de Julio. Ella sabe que Julio es dueño del problema de cómo llevarse bien con el amigo.

A veces el dueño del problema es la madre o el padre

Veamos algunos problemas que son de los padres.

Groserías con la mamá

Hilda tiene 7 años. Ha empezado a ponerse grosera con la mamá. Camino de la biblioteca en el auto, Hilda le dijo a la amiga, "Mi mamá es la mujer más estúpida del mundo". Su mamá se siente herida por este comentario. También se siente enojada. La mamá tiene derecho a ser tratada con respeto, de manera que ella es dueña de este problema.

¿Qué puede hacer la mamá?

- La mamá puede analizar el propósito de Hilda. La mamá pudiera pensar que Hilda se quiere desquitar de ella. En ese caso, puede hacer algo que Hilda no espera. Pudiera sencillamente no hacer caso del comportamiento feo por un rato.
- Más tarde, cuando se encuentren a solas, su mamá puede emplear un mensaje en "yo" para comunicarle a Hilda su estado de ánimo: "Cuando me dices cosas feas, me siento muy desanimada. Parece que no me tienes respeto".
- La mamá puede escuchar reflexivamente a Hilda: "Me parece que estás muy enojada conmigo. ¿Por qué no hablamos de eso?" Si Hilda está de acuerdo, ella y su mamá pueden tratar el problema a fondo.
- La mamá le puede dar a escoger a Hilda: "Te llevaré en el auto a la biblioteca si puedes ser respetuosa. De otra manera, puedes quedarte en casa. Tú decidirás".

Un problema en el autobús escolar

Osvaldo tiene 11 años. Va a la escuela en autobús. Su mamá recibió una llamada telefónica del chofer. Le contó que Osvaldo ha estado causando problemas en el autobús. El y otros muchachos han estado gritando y peleando. Osvaldo ha tirado los libros y empujado a la gente. El chofer le ha dicho a Osvaldo que va a dar queja de él si vuelve a pelear en el autobús.

Su mamá no quiere que su hijo pelee y cause problemas. Ella no sabe qué va a hacer si le prohíben viajar en el autobús. La escuela queda al otro extremo del pueblo. Tendrá que salir aún más temprano para poder llevar a Osvaldo a la escuela y también llegar ella a tiempo al trabajo.

Alguien pudiera resultar lesionado si hay pelea. Su mamá es dueña de este problema. Pero eso no disculpa a Osvaldo.

Cómo analizar quién es el dueño del problema

Piense en un problema que está pasando con su hijo. Pregúntese a sí mismo:

1. ¿Es que no se están respetando mis derechos?

2. ¿Pudiera resultar en daño para alguien?

3. ¿Está en peligro la propiedad de alguien?

4. ¿Es demasiado pequeño mi hijo para hacerse responsable de este problema?

- Si la respuesta a cualquiera de estas preguntas es sí, entonces el problema es de usted.

- Si la respuesta a todas las preguntas es no, entonces su hijo es el dueño del problema.

Decida quién es el dueño del problema—usted o su hijo.

El analizar bien estos asuntos es una manera de demostrar que respeta a su hijo y a sí mismo.

Muchos problemas se pueden resolver si usted y su hijo cooperan. Esto es verdad sea quien sea el dueño del problema.

¿Qué puede hacer la mamá?

- La mamá puede hablar con Osvaldo. Puede decirle lo de la llamada del chofer. Puede preguntarle al hijo qué está pasando. Osvaldo pudiera estar buscando conseguir poder. O puede que esté peleando porque les tiene miedo a los otros niños. El conversar le ayudará a la mamá a averiguar qué es lo que está pasando.
- La mamá le puede decir a Osvaldo que tiene dos opciones: obedecer las reglas del autobús o que le prohiban viajar en el mismo.

La mamá no puede obligar a Osvaldo a obedecer las reglas. No puede alterar la consecuencia de que lo saquen del autobús. Si esto sucediera, Osvaldo tendrá que seguir asistiendo a la escuela de todas maneras. Tendrían que salir más temprano para que ella pudiera llegar al trabajo a tiempo. Entonces Osvaldo tendrá la consecuencia de tener que levantarse más temprano todavía.

Ser padre o madre no es fácil. Cuando los niños se portan mal, la vida puede complicarse. Por muy duro que sea, esta mamá tendrá que tener pendiente su meta:

- **criar a un hijo feliz, sano, seguro de sí mismo, cooperador, que sepa dar y recibir amor**
- **formar una sólida relación con su hijo que dure toda la vida**
- **ayudar a que su hijo llegue a ser un adulto responsable**

A veces el dueño del problema es el niño

Veamos ahora unos problemas que son del niño.

No le caigo bien a nadie

El papá de Guillermo entró por la puerta llegando del trabajo. Guillermo estaba sentado llorando delante de la televisión. "Debes estar viendo algo bastante triste", le dijo su papá. "No es la televisión", exclamó Guillermo. "Son Teresita y Arturito. Se fueron a jugar a la pelota. Ni siquiera me llamaron. No le caigo bien a nadie". Guillermo comenzó o llorar con más sentimiento.

El papá le tuvo pena, pero sabía que no podía arreglarle este problema. El papá sabía que el problema de cómo llevarse bien con sus amigos era de Guillermo.

¿Qué puede hacer el papá?

- El papá puede seguir escuchando a Guillermo de cómo se siente

- Si Guillermo quiere ayuda, el papá lo puede ayudar a pensar en modos de llevarse bien con sus amigos. Le puede asegurar a Guillermo que él lo quiere y lo respeta. Pero el papá no puede cambiar la manera de actuar de los amigos de Guillermo. Encontrar amigos y conservarlos es algo que Guillermo tiene que hacer por sí mismo.

Un proyecto escolar

Bernardo y su hermano comparten un dormitorio. Siempre está bastante desordenado. Bernardo ha estado reuniendo hojas para un proyecto escolar. Tiene que poner las hojas en un libro y escribir algo acerca de ellas. Cuando está listo para armar su libro, no puede hallar todas las hojas. Las pocas que ha encontrado están rotas y estrujadas. Corre a su mamá y dice, "¡No puedo encontrar mis hojas! ¡Tienes que ayudarme!"

El trabajo de la escuela es cuestión de Bernardo. También lo es el cuidado de su parte de la habitación. Bernardo es el dueño de este problema.

Deje que los niños se hagan dueños del problema de cómo llevarse bien con los otros. ¡Sus soluciones pudieran sorprenderle!

¿Qué puede hacer la mamá?

- En este momento, la mamá de veras no puede—o no debe— hacer nada para salvar el proyecto de Bernardo. Recibir una mala nota como consecuencia pudiera ser una lección importante para él. Si la mamá lo ayuda a buscar en su cuarto desordenado, ¿qué será lo que aprenderá Bernardo? Aprenderá que no necesita ser responsable. Aprenderá que la mamá lo puede "salvar" de sus propias malas decisiones.

• Así y todo, en otro momento la mamá le puede hablar a Bernardo de que debe cuidar sus cosas. Ella pudiera decirle, "Cuando tienes un proyecto escolar, es bueno estar bien organizado. ¿Te gustaría conversar de algunas ideas para lograrlo?" Si Bernardo quiere hablar, él y su mamá podrían tener muchísimas ideas que compartir.

¿Cómo podemos resolver problemas juntos mi hijo y yo?

Decidir quién es el dueño del problema le ayudará a usted a saber qué hacer. Le ayuda a su hijo o hija a hacerse independiente. Si es usted el dueño del problema, tiene que proceder. Si su hijo es dueño del problema, pudiera ser mejor dejarlo que le haga frente por sí mismo. O tal vez usted prefiera ayudarlo a resolverlo.

Usted ya ha aprendido muchas cosas que puede hacer cuando hay un problema. Se puede:

• **No hacer caso al problema.**
• **Escuchar reflexivamente.**
• **Usar un mensaje en yo.**
• **Ayudar a su hijo a analizar las opciones y las posibles consecuencias.**

Otro modo de resolver un problema es hablarlo a fondo con su hijo. Se separa el tiempo necesario para escuchar, hablar, y llegar a un acuerdo con una solución al problema. Esto se llama *explorar las alternativas.* Usted puede explorar las alternativas con su hijo.

"Hablarlo a fondo": Los cinco pasos para explorar las alternativas

Se exploran las alternativas de la misma manera sin importar quien sea el dueño del problema. Siga usted los cinco pasos siguientes:

1. **Entiendan bien el problema.** Asegúrese de que el programa queda claro tanto para su hijo como para usted. Escuche reflexivamente. Haga preguntas que lo ayuden a comprender. Explique el problema respetuosamente y con claridad. Mencione sus propios sentimientos con "mensajes en yo": "Cuando tú _____ , me siento _____ porque _____ ."

2. **Digan todas las soluciones que se les ocurran para resolverlo.** Pídale a su hijo formas de solucionar el problema. Ofrezca también sus propias ideas. Puede ayudarlo diciendo, "Qué te pudiera pasar si tú _____?"

Estas ideas son las *alternativas*. Manténgase objetivo en este paso. A veces las ideas suenan tontas o imposibles. No se apure en juzgarlas. Una idea "tonta" pudiera ayudarlo a usted o a su niño a pensar en otra que resulte ser verdaderamente estupenda. Por el momento, sencillamente piense en *todas* las ideas que pueda.

3. **Hablen a fondo de las ideas.** Este es el momento de tomarlas en cuenta. Tanto usted como su hijo deben sentirse capaces de "probar" las varias ideas. Si usted no está de acuerdo con una idea, dígalo con respeto. No diga, "Estoy seguro que esa idea no va a servir". Mejor diga, "Me preocupa que te va a costar mucho seguir ese plan". Esto proyectará con claridad que usted se preocupa por su hijo.

4. **Elija una de las ideas.** Elijan una idea que puedan aceptar los dos.

5. **Pongan la idea en práctica.** Pónganse de acuerdo para poner a prueba la idea que aceptaron. Decidan entre los dos por cuánto tiempo la usarán. Propongan tiempo suficiente para someter la idea a una prueba razonable.

Además fijen un plazo para analizar si la idea está funcionando. Si no lo está, pueden repetir los pasos para explorar las alternativas. O pueden ustedes probar otra idea escogida de la primera vez cuando decían todas las soluciones posibles que se les ocurrían.

Haga preguntas abiertas

Cuando hable con su hijo o hija, usted va a tener que hacerle preguntas. Lo mejor sería hacer preguntas *abiertas*, no *cerradas*.

Las preguntas cerradas ponen fin al diálogo

Las preguntas cerradas tienen solamente *una* respuesta—no hay lugar para dialogar. Algunas preguntas cerradas se pueden contestar solamente con un sí o no. Otras preguntas cerradas tan solo echan culpa o critican a alguien:

- "¿Tú crees que somos ricos?"
- "¿No te parece que debieras de hacer la tarea?"
- "¿Por qué hiciste eso?"
- "¿Es que nunca te vas a portar bien!?"

Las preguntas abiertas ayudan a continuar la conversación

Las preguntas abiertas incitan a su hijo a seguir hablando. Demuestran respeto. Demuestran que usted desea escucharlo:

- "¿Cómo pudieras ganar algún dinero?"
- "¿Qué hace que la tarea sea tan dura?"

Hacer preguntas abiertas

Piense en un problema que tiene usted actualmente con su hijo o hija. Para entender cómo es que su hijo ve el problema, use preguntas abiertas. Use estas palabras para empezar las preguntas abiertas:

- **¿Dónde?**
- **¿Cuándo?**
- **¿Qué?**
- **¿Quién?**
- **¿Cuál?**
- **¿Cómo?**

Practique hacer preguntas abiertas. Haga un esfuerzo por comunicar respeto con su tono de voz, su cuerpo y su rostro. Debe mostrarse respeto a usted mismo y a su hijo.

- "¿Qué piensas tú de eso?"
- "¿Qué preferirías hacer?"

Los niños son más propensos a cooperar cuando ellos:
- **Se sienten respetados**
- **Tienen un poco de control**
- **Pueden elegir entre opciones**

Cómo explorar las alternativas: Dos ejemplos

Veamos dos ejemplos de cómo explorar las alternativas. El primero es de un problema que pertenece al padre o a la madre. El segundo es de un problema que pertenece al niño.

Volver a casa a la hora debida

Estamos en verano. A los niños que viven en la cuadra de Luis les gusta jugar afuera hasta después que se hace de noche. La mamá quiere que Luis entre antes de anochecer. Ella sabe que es peligroso que esté afuera después que se haga de noche. Pero Luis piensa que no hay peligro.

La mamá es la dueña de este problema. Ella decide explorar las alternativas con Luis.

1.   Entiendan bien el problema.

Empieza la mamá por decir, "Luis, tenemos un problema. Cuando te quedas en la calle después de anochecer, me preocupo por ti. Hay peligros". Luis dice, "No hay peligros. Yo no soy un bebito".

La mamá escucha reflexivamente. Dice, "Te parece que yo te protejo demasiado". Luis dice, "Pero mamá, es más divertido jugar cuando está un poquito oscuro. ¡Y no está ni oscuro a las 8:30 cuando me llamas para que entre!"

Entonces la mamá le explica cómo se siente: "Sé que eres un muchachito responsable, Luis. Pero después que anochece, hay gente mala que sale a la calle. Y hay mucho tráfico de automóviles. Me preocupa que alguien pudiera hacerte daño. O que te pudiera arrollar un automóvil. Tú sabes que no hace más de un mes que hubo un accidente muy malo".

2.   Digan todas las soluciones que se les ocurran para resolverlo.

La mamá dice, "Vamos a pensar en muchas maneras en que pudiéramos resolver este problema. ¿Tienes ideas?" Luis dice, "¿Qué te parece si juego ahí mismo en frente del apartamento?" La mamá dice, "Bueno, esa es una idea. ¿Qué más?"

A Luis y a la mamá se les ocurren otras ideas. Luis menciona quedarse afuera hasta las 9:30. La mamá sugiere entrar en la casa para terminar el juego.

3. Hablen a fondo de las ideas.

Luis y su madre hablan de cada una de las ideas. Luis piensa que entrar en la casa no va a ser muy divertido. El piensa que jugar en frente del apartamento no es tan divertido como en el parque. La mamá piensa que las 9:30 es demasiado tarde.. Ella está de acuerdo con que de verdad no es de noche todavía a las 8:30.

4. Elijan una idea.

La mamá y Luis encuentran una idea que los dos piensan que pudiera servir: Luis podrá jugar en el parque hasta las 8:30. Entonces él y los amigos pueden jugar en frente del apartamento hasta las 9:00. Luis y la mamá escriben un acuerdo. Es así:

> Luis está de acuerdo con llegar a la casa a más tardar a las 8:30. La mamá está de acuerdo con que él juegue en frente hasta las 9. Luis se compromete a entrar a las 9:00. Si entra tarde, tendrá que quedarse adentro la noche siguiente.
>
> Luis   Mamá

5. Pongan la idea en práctica.

La mamá dice, "Vamos a seguir este acuerdo unas cuantas noches. Veremos cómo funciona. Luego podemos hablar del tema otra vez. ¿Cuándo debiéramos hablarlo otra vez?" Luis dice, "No sé". La mamá dice, "Vamos a seguirlo durante las próximas tres noches. El viernes podemos hablar otra vez".

Si Luis sigue el plan, el problema está resuelto. Pero ¿qué pasará si Luis vuelve tarde a casa? La próxima noche, la mamá puede decir "Por haber llegado anoche más tarde de lo acordado, interpreto que has decidido quedarte en casa esta noche. Puedes probar de nuevo mañana".

La tarea

Nina está en el cuarto grado. Su maestra, la Sra. Hernández, pone tarea todos los días. A Nina no le gusta hacer la tarea. La Sra.

Los pasos para explorar las alternativas

1. **Entiendan bien el problema.**

2. **Digan todas las soluciones que se les ocurran para resolverlo.**

3. **Hablen a fondo de las ideas.**

4. **Elijan una de las ideas.**

5. **Pongan la idea en práctica.**

Las preguntas abiertas invitan a su hijo a seguir hablando. Demuestran respeto.

Hernández llamó al papá de Nina. Ella le dijo que Nina no ha entregado la tarea de aritmética desde hace tres semanas.

El papá sabe que la escuela es responsabilidad de Nina. También sabe que es importante para Nina hacer la tarea. Decide preguntarle a Nina si quiere explorar las alternativas.

1.   Entiendan bien el problema.

Después de la cena, el papá le dice a Nina: "La Sra. Hernández me llamó hoy. Dice que tú no has estado haciendo la tarea de aritmética". Nina dice, "¡Es tan antipática! Pone mucho más tarea que el Sr. Brentano".

El papá escucha reflexivamente. Dice, "Pareces estar muy enojada porque te parece injusto que mande tanta tarea". Nina dice, "Sí. Y yo no la entiendo".

El papá le pregunta a Nina, "¿Qué es lo que no entiendes?" "La división larga", dice Nina. "Es bastante difícil".

El papá ve que Nina sabe que tiene un problema. Ella parece desear que la ayude.

2.   Digan todas las soluciones que se les ocurran para resolverlo.

El papá dice, "Te oigo preocupada. ¿Tienes una idea de cómo volver a encarrilarte?" Nina contesta, "Es demasiado difícil. Jamás me va a entrar".

"Sé que puedes entenderla la aritmética, Nina. Pero a veces la aritmética exige trabajo extra. ¿No sería bueno hablar de algunas ideas para ayudarte a resolver este problema?"

"Hay un grupo para ayudar con las tareas a la salida de la escuela. Pero nada más es para los muchachos estúpidos", dice Nina. El papá dice, "Piensas que parecerás estúpida si te quedas para que te ayuden. ¿Tienes más ideas?"

"¿Me puedes ayudar tú?" pregunta Nina. "Eres bueno con la aritmética". El papá se ríe de una manera cordial. Le dice, "Puede que sí lo sea. Hace mucho tiempo que no hago la división larga. ¿Le has hablado a la Sra. Hernández de esto?"

Nina reconoce que la Sra. Hernández le pidió que se quedara después de la escuela para ayudarla. El papá y Nina hablan de lo que Nina pudiera hacer ahora. Nina piensa que su papá debe ayudarla. "Si me ayudas", dice ella, "prometo que empezaré a prestar atención en la clase". El papá le sugiere a Nina que vaya a ver a la Sra. Hernández. Nina dice que ella tiene una amiga que la puede ayudar.

3. Hablen a fondo de las ideas.

Hablan de las ideas. El papá le dice a Nina, "La escuela es trabajo tuyo, Nina. Yo te ayudaría con gusto, pero necesito saber primero que tú te vas a ayudar a ti misma".

4. Elijan una idea.

Después de hablar un poco más, Nina decide que quiere ir a hablar con la Sra. Hernández. Va a ir al grupo de estudio después de la escuela si la Sra. Hernández quiere que vaya. Ella quiere que su papá la ayude también. El papá se pone de acuerdo, dándole a Nina a elegir: "Si prestas atención y trabajas en el grupo de estudio, yo te revisaré la tarea cuando la hayas terminado". Nina escribe un acuerdo. Los dos lo firman.

5. Pongan la idea en práctica.

El papá dice, "Te va a hacer falta un plazo de tiempo para ver cómo funciona tu plan. Vamos a probarlo por una semana. Entonces podemos hablar otra vez". "Está bien," dice Nina.

Cuando hablar es difícil

A veces parece que no hay manera de resolver un problema. Pudiera ser porque usted o su hijo están enojados. O porque ven las cosas totalmente diferentes. Tal vez los dos piensen que tienen la razón. Tal vez les cuesta trabajo tener paciencia. Quizás usted se diga a sí mismo, "Esto no tiene remedio. ¡No vamos a adelantar en nada!"

Un problema como éste, uno que más bien parece una pelea, se llama un *conflicto*. Cuando tenga un conflicto, no se dé por vencido, ni se aferre a sus puntos de vista. Mejor, use estas ideas para ayudarse a encontrar una manera de cooperar.

Busque el parecido entre los dos

Cuando hay un conflicto, es fácil ver en qué *no* están de acuerdo. Quizás su hijo está siendo testarudo. Eso le puede parecer egoísta a usted. Si usted piensa que su hijo está siendo egoísta, es difícil mantener una actitud respetuosa.

Su hijastra quiere estar con sus amigos día y noche. Usted quiere que ella dedique algún tiempo a estar con la familia. Los dos discuten una y otra vez. Entonces usted se detiene a pensar. Se pregunta, "¿Cómo me puedo poner en su situación? ¿Es que tenemos algo en común que pudiera ayudarnos?"

Usted piensa en sus propios amigos. Se da cuenta de que usted y su hijastra, los dos, tienen muchos amigos. Las amistades les importan mucho a los dos. Así que usted dice: "Comprendo que para

ti tus amistades son muy importantes. A mí también me importan mucho mis amigos. Nos hace falta encontrar una manera de que tú puedas tener tiempo para tus amistades y también tiempo para la familia. ¿Cómo te parece que pudiéramos hacer eso?

Si se da cuenta de que su hijo quiere lo mismo que usted, puede ponerse en su lugar. Pudiera ver las cosas de una manera muy distinta. Esto pudiera poner fin al conflicto.

Mantenga una actitud de respeto

Usted sabe lo importante que es demostrar respeto. Cuando deja de tratar a su hijo con respeto, no se está respetando a usted mismo tampoco.

El papá y la hija están discutiendo e interrumpiéndose. Para volver al buen camino, el papá dice: "Cuando hablamos los dos a la vez no nos podemos entender. Mejor sería escucharnos y respetar los sentimientos del otro. Por qué no hablas tú primero—yo te escucharé".

Hablen del problema verdadero

En un conflicto, es fácil dejarse llevar por las emociones. Entonces se pierde de vista el problema.

Usted quiere que su hijo haga sus quehaceres. Empieza a discutir. Se enoja. Piensa usted, "¡Tengo que ponerlo en su lugar!" Estos sentimientos le comunican a usted algo importante: Ha perdido de vista el problema de los quehaceres. El verdadero problema parece que se trata de quién tiene el control.

Usted se detiene. Suspira profundamente. Le dice a su hijo: "Parece que los dos estamos tratando de probar quién es el que manda. ¿Cómo va eso a ayudarnos a resolver este problema?"

Reconocer que somos parte del problema no tiene nada de malo. Esto les da a nuestros hijos una manera de reconocer el papel que también han tenido. Volver la conversación al verdadero tema entre manos les ayudará a los dos a buscar una solución.

Pónganse de acuerdo para no pelear

Cuando está en un conflicto con su hijo, tienen un acuerdo. No han hablado de este acuerdo, pero existe: *¡Se han puesto de acuerdo para pelear!*

Deténgase y piense un momento. Vea si hay un acuerdo escondido que les impide resolver el problema. Si ése es el caso, podría decir: "Parece que los dos hemos decidido discutir en vez de tratar de resolver el problema. Estoy dispuesto a trabajar para buscar la solución, si tú también lo estás. ¿Qué te parece?" Muestre cordialidad en la voz y en la cara.

¿Cómo pueden las reuniones familiares ayudar a mi hijo a cooperar?

Otro método bueno para crear cooperación dentro de la familia es tener una reunión familiar con regularidad. Hay quienes se preguntan si una reunión familiar sirve para algo. Dicen, "¿Para qué tener una reunión? Si ya nos vemos todos los días". Piensan, "¡Las reuniones son para el trabajo, la iglesia, o los comités—no para las familias!" Pudieran pensar, "Mi familia nunca tuvo reuniones cuando yo era niño".

La reunión familiar le da a los niños un lugar donde saben que se les oirá.

Si le pregunta a alguien cuya familia tiene reuniones con regularidad, oirá decir que las reuniones familiares:

- **Les dan a todos la oportunidad de compartir sentimientos positivos.**
- **Les permiten a las familias divertirse más cuando están juntos.**
- **Ayudan a las familias a sentirse que son un "equipo" en que todos se ayudan mutuamente.**
- **Enseñan a los niños acerca del respeto y la solución de problemas.**

- **Ayudan a los padres de familia a dejar de pegar y gritar.**
- **Les dan a los niños un lugar en que saben que se les oirá y se les amará.**

Soledad y Tomás son gemelos de 8 años de edad. Están enojados. Buscan a su mamá en la cocina. Soledad dice, "Mamá, ¡Tomás no me deja ver mi programa!" Tomás dice, "Ella lo pone todas las noches. ¡Yo quiero ver mi programa!"

La mamá está cansada. Acaba de llegar del trabajo. La comida va a tardar. Está cansada de oír pelear. Se siente demasiado atareada y malhumorada para ponerse a explorar alternativas con sus hijos. Por lo tanto, la mamá señala la hoja de papel que está en la puerta del refrigerador. La hoja es una lista de las cosas que se van a tratar en la próxima reunión familiar. Dice, "Hablemos de esto en la reunión familiar. Pónganlo en nuestra lista".

Este ejemplo muestra una manera en que las reuniones familiares ayudan a las familias a diario. La mamá no se enfurece ni pega ni grita. Tomás y Soledad saben que su problema no se va a desatender. Aún antes de la reunión, esta familia se ha ayudado sabiendo que habrá una oportunidad para resolver el problema.

Normas para las reuniones familiares

Les llevará tiempo ir formándose el hábito de tener reuniones familiares. Para que las reuniones funcionen hay que poner esfuerzo. Aquí tiene usted unas ideas que pueden ayudarle.

Tengan la reunión a la misma hora

La reunión pudiera ser una vez a la semana. Cuente con que la reunión va a durar de veinte a treinta minutos. La frecuencia y duración de la reunión depende de las edades de los niños. Los niños más pequeños necesitan reuniones más cortas o más frecuentes.

Hagan una lista de temas

Algunas personas le dicen a su lista de temas la lista para la reunión o la *agenda*. Póngala en la puerta del refrigerador. La familia puede añadirle cosas en los días antes de la reunión. Esto ayudará a tener en cuenta las preocupaciones de todo el mundo sin gastar mucho tiempo o esfuerzos.

Planifiquen el tiempo

Al principio usted tendrá que hacerse cargo de esto. Vea la lista para la reunión. Decida cuáles temas pueden abordarse en las primeras reuniones. Separe tiempo para explorar las alternativas y para tomar decisiones.

Turnarse

Cambien de persona encargada de los varios trabajos durante la reunión familiar. El líder lee la lista para la reunión y mantiene las cosas en movimiento. Los niños pequeños necesitarán ayuda para poder hacer esto. No importa. Lo que sí es importante es dejar que cada persona tenga la oportunidad de ser el líder. Los familiares pueden turnarse en tomar apuntes. Si un niño es demasiado pequeño para escribir, puede buscar la agenda o el acta.

Tomar apuntes

Apunte, o escriba el *acta,* de los acuerdos y planes que se efectúen en la reunión. De esta manera nadie se olvidará ni se confundirá. Que cada persona tenga su turno de hacer los apuntes. Que cada uno tenga su turno de poner a la vista el acta para que todos la puedan leer. Un buen trabajo para los hijo mayores sería leerles el acta a los niños que no saben leer. Los niños más pequeños pueden colgar el acta donde se pueda leer.

Deje participar a todos

Cuando se va a hablar de un tema de la lista, deje que sus hijos sean los primeros en hablar. Esto les ayudará a sentirse responsables.
- Si un niño no ha hablado, pregúntele, "¿Qué te parece?"
- Si un niño habla demasiado, sígalo tratando con respeto. Pudiera decirle, "Parece que esto significa mucho para ti. Nos hace falta oír qué opinan de esto los demás".
- Si alguien no es respetuoso, use un mensaje en yo. "Cuando oigo insultar a alguien, me preocupa que no vayamos a poder cooperar".

Ponga límites a las quejas

Un exceso de quejas puede convertir una reunión en una sesión para refunfuñar. Esto no va a resolver problema alguno ni ayudará a las familias a disfrutar de la compañía de otros. Si las quejas son un problema, pregunte, "¿Cómo podemos remediarlo? ¿Cómo podemos resolver el problema?"

Cooperar para escoger los quehaceres

Para empezar a seleccionar entre quehaceres, tal vez sería bueno ofrecerse para algunos de los trabajos que a nadie le gusta hacer. Pudiera decir, "Yo voy a limpiar la caja del gato y el cuarto de baño. ¿Quién va a pasar la aspiradora y sacudir?" Según vaya pasando el tiempo, es de esperar que otros hagan algunos de los trabajos más repugnantes.

Un plan para las reuniones familiares

1. **Compartan las cosas buenas que han sucedido.**

2. **Lean los apuntes de la última reunión**

3. **Hablen de los "asuntos anteriores"—las cosas que quedaron de la última reunión.**

4. **Hablen de los "asuntos actuales"—las cosas que la gente quiere tratar en esta reunión.**

5. **Realicen un plan para hacer algo divertido.**

6. **Hagan un resumen. Repitan lo que las personas acordaron.**

Cómo hallar tiempo para las reuniones

Su familia está muy atareada. Encuentre el tiempo necesario para reunirse, haciendo una tabla de las actividades de todo el mundo. Llene el horario semanal suyo y de los niños. Esto le ayudará a encontrar el momento, o a programarlo, en que todos los de la familia estarán desocupados. He aquí unos temas de conversación para las reuniones familiares:

- **las actividades de los niños**
- **los estipendios**
- **los mandados**
- **los quehaceres**
- **las reglas para cuando visitan amigos**
- **los planes para los fines de semana**
- **el uso del teléfono**
- **el uso de la televisión y la máquina de videocasetes**
- **la tarea**

Use el jarrito de los trabajitos

Un modo de turnarse es usando un jarrito de los trabajitos:

- **Se conversa de todos los trabajos que hay que hacer cada semana.**
- **Se escriben en tiritas de papel y se ponen en un jarrito.**
- **Cada semana se reparten al azar los trabajos del jarrito.**

Cumpla con lo acordado

Llévense por el acuerdo hasta la próxima reunión. Si las personas quieren cambiar el acuerdo, lo pueden hacer en esa ocasión. Se espera que los niños y los padres hagan lo que acordaron hacer.

¿Qué pasa si *a usted* se le olvida y no cumple con el acuerdo? ¿Qué pasa si cierto día no tiene tiempo para hacer algo que consintió en hacer? Pídale disculpa a su familia. Dígales que se va a esforzar por hacer mejor las cosas. Un niño pudiera alguna vez olvidarse o tal vez no tener tiempo tampoco. Nadie es perfecto. Si los acuerdos quebrantados continúan, impongan una regla de "trabajar primero, divertirse después": antes de que la gente pueda participar en actividades divertidas, tendrán que haber terminado sus quehaceres. La regla se aplica tanto a los niños como a los padres.

Reserve tiempo para divertirse

Las reuniones son una manera muy buena de resolver problemas y de seleccionar quehaceres. Pero eso no es lo único. Para traer alegría a las reuniones, usted puede:

Hablar de cosas agradables. Se le pueden dar las gracias a cada persona por alguna ayuda que han prestado durante la semana. Después cada uno puede hacer lo mismo. Le puede pedir a las personas que hablen de lo que les va bien actualmente. Esto pone un tono positivo en la reunión. También les enseña a sus hijos a alentar a los demás. Les enseña a animarse ellos mismos.

Planifique diversiones para la familia. En la reunión, piensen en hacer algo juntos que a todos les guste. Pudieran planear hacer pizza en casa un viernes por la noche. Pudieran hacer planes de ver un programa de televisión que les gusta a todos. Pudieran tener un "jarrito de diversiones" en el que colocarían papelitos con ideas para diversiones para toda la familia. Sería una indicación de que piensan que divertirse vale tanto como trabajar.

Diviértanse después de la reunión. Hay familias que dedican un rato para divertirse juntos inmediatamente después de la reunión.

Se pudiera jugar un juego. Se pudiera dar un paseo a pie o montar en bicicleta. Se pudiera leer un cuento juntos.

Las reuniones familiares son para todos tipos de familias

Las reuniones familiares son para todas las familias—familias que tienen padre o madre solamente, con un sólo hijo o con muchos, y con padrastros o madrastras.

Hay familias con padre y madre en las que solamente uno de los dos quiere tener reuniones familiares. No importa. Empiece a tener las reuniones sin la otra persona mayor. Pasado un tiempo, quizás su esposa o su esposo vea cómo resultan las reuniones y decida unirse a ustedes. Si no, sigan de todos modos con las reuniones. Éstas le darán la oportunidad de ayudar a sus hijos a aprender a cooperar y a disfrutar de estar en familia.

Familias sin padre o sin madre

Si es padre solo o una madre sola, usted—como todos los padres de familia—trabaja duro para mantener a su familia. Pudiera ser que en su familia se enfrenta con problemas distintos. Las reuniones familiares pueden ser útiles para usted también.

Una situación que es distinta en algunas familias de padre o madre solamente: hablar de los problemas centrados en la persona que falta. Los niños necesitan hablar de estos problemas. Sin embargo, la reunión familiar no es el lugar adecuado para hacerlo. La reunión familiar es para ayudar a los que viven juntos a llevarse mejor.

Si su hijo quiere hablar del padre o de la madre ausente, háganlo en otro momento. Usted pudiera decirles, "Me doy cuenta de que necesitas hablar del tiempo que pasaste con papá (o mamá). Ahora mismo estamos hablando de nuestra familia. Hablemos de papá más adelante".

Más tarde, cuando hablen del tema, podrá igualmente prestar atención a los sentimientos y escuchar reflexivamente. Podrá seguir los pasos que aprendió para explorar las alternativas.

Familias de sólo dos personas

Si es usted un padre o una madre con un solo hijo, pudiera estar pensando, "¿Para qué voy a empezar a tener reuniones familiares? Mi hijo y yo estamos siempre juntos".

La reunión familiar tiene muchos efectos que el estar juntos a diario no siempre garantiza. Le permite consagrar tiempo para hablar de los problemas. Le da tiempo también para fijarse en las cosas buenas. Las reuniones familiares los ayudan a usted y a su hijo a estar más unidos y cooperar más.

Familias con padrastro o madrastra

Estas familias necesitan reuniones tanto como otra cualquiera. En una familia nueva con padrastro o madrastra, los niños no llevan mucho tiempo conviviendo. Si usted forma parte de una familia como ésta, tal vez le hiciera bien probar esta manera de empezar las reuniones familiares:

- **Siempre comience las reuniones familiares de manera positiva, y no respondiendo a alguna crisis o disputa.**
- **Comience con asuntos que usted piensa que se pueden tratar cómodamente, tales como diversiones para la familia. Después de unas cuantas reuniones como éstas, empiece a hablar de los temas un poco más difíciles. Pudieran hablar de los quehaceres o de un problema que parece estar preocupando a los niños.**
- **Aparte de las reuniones los asuntos que no tienen que ver con la familia, tales como los adultos que no tienen la responsabilidad de los niños.**

Usted acaba de dar otro gran paso

En el Capítulo 5 usted ha aprendido técnicas para enseñarle a su hijo o hija a cooperar:

- Ha visto que cooperar no es lo mismo que obedecer.
- Ha aprendido una manera de decidir quién es el dueño del problema.
- Ha visto maneras de resolver problemas que son suyos.
- También ha visto maneras de ayudar a su hijo a identificar como suyos los problemas y solucionarlos.
- Ha aprendido cinco pasos para resolver problemas con su hijo.
- Ha visto cómo las reuniones familiares pueden ayudar a su familia a trabajar y crecer unida.

ESTA SEMANA

Decida quién es el dueño de todo problema que pueda surgir. Si fuera necesario, use los pasos para explorar las alternativas que usted aprendió en las páginas 90 a 91.

SÓLO PARA USTED

Ver las cosas de manera distinta

¿Puede usted ver la misma situación de una manera distinta? Hacerlo le ayudará a cambiar su manera de reaccionar a los acontecimientos que nos decepcionan. Esta segunda manera de ver se llama la *percepción alternativa*. Por ejemplo, usted pudiera ver a su hijo como alguien terco, que se niega a cooperar en cierta actividad. ¿Puede usted verlo también como una persona resuelta? Si ése es el caso, está viendo a su hijo de una segunda manera. ¿Recuerda haber aprendido que un niño que busca el poder también quiere alternativas? Eso es ver a su hijo de una segunda manera.

Piense en varias situaciones difíciles. Luego pregúntese:

- ¿De qué manera acostumbro a ver las cosas que me pone más a la defensiva y me crea problemas?
- ¿Hay una segunda manera de ver esta situación? ¿Qué reacción sería la consecuencia de esa vista?

Busque la manera de crear una segunda manera de ver una situación y las reacciones que resultan.

Para su *Familia*

Invite a su familia a empezar a tener reuniones con regularidad. Pónganse de acuerdo con la hora para la primera reunión. Antes de reunirse, lean las páginas 98 a 102 de nuevo. Cuando estén reunidos, explique el objetivo de las reuniones familiares:

- **para compartir los buenos sentimientos**
- **para divertirnos juntos**
- **para hacer planes**
- **para hablar de los problemas y ayudarnos mutuamente**

Después, pregúnteles a sus hijos de qué quisieran hablar. Ocúpese de que la primera reunión sea breve. Pónganse de acuerdo sobre la hora de la próxima reunión.

No espere tener reuniones "perfectas". ¡Recién acaban de comenzar! Lo más importante es que todos sientan que sus ideas son importantes.

¡Buena suerte!

PUNTOS PARA RECORDAR

1. Cooperar quiere decir trabajar en conjunto.

2. Cuando hay problemas con los niños, alguien es el dueño del problema. A veces el padre o la madre es el dueño. A veces el niño es el dueño.

3. Para decidir quién es el dueño del problema, pregúntese:
   - ¿Es que no se están respetando mis derechos?
   - ¿Pudiera resultar en daño para alguien?
   - ¿Está en peligro la propiedad de alguien?
   - ¿Es demasiado pequeño mi hijo para hacerse responsable de este problema? Si la respuesta a *cualquiera* de estas preguntas es sí, entonces el problema es de usted. Si la respuesta a *todas* las preguntas es no, entonces su hijo es el dueño del problema.

4. La persona que es dueña del problema es responsable por resolverlo. A veces los padres desean ayudar a los hijos a resolver problemas que les pertenecen a los niños.

5. Cuando hay un problema, usted puede optar por no hacerle caso, por escuchar los sentimientos, usar un mensaje en yo, ofrecer una opción, o resolverlo explorando las alternativas.

6. Para explorar las alternativas, siga los cinco pasos siguientes:
   - Entiendan bien el problema.
   - Digan todas las soluciones que se les ocurran para resolverlo.
   - Hablen a fondo de las ideas.
   - Elijan una de las ideas.
   - Pongan la idea en práctica.

7. Cuando hable con su hijo acerca de un problema, use preguntas abiertas, que comiencen con:
   - ¿Dónde?
   - ¿Cuándo?
   - ¿Qué?
   - ¿Quién?
   - ¿Cuál?
   - ¿Cómo?

8. Cuando está enojado y en conflicto con su hijo, es posible:
   - Buscar el parecido entre los dos
   - Mantener una actitud de respeto
   - Hablar del problema verdadero
   - Ponerse de acuerdo para no pelear

9. Las reuniones familiares regulares ayudan a todas las familias a cooperar para resolver problemas y divertirse juntos.

Tabla 5

¿QUIEN ES EL DUEÑO DEL PROBLEMA?

Problema	¿Quién es el dueño?	Soluciones posibles
El niño está disgustado porque perdió un juego	Niño	*Escuchar reflexivamente:* "Estás decepcionado porque perdiste".
El niño rehusa hablar con la nueva madrastra/padrastro	Madrastra/Padrastro	*Escuchar reflexivamente y mensaje en yo:* "Es tan difícil acostumbrarse a una nueva madrastra. Cuando tú te niegas a hablarme, me siento desanimada, porque yo quisiera llegar a conocerte mejor".
Los niños se están clavando los dedos en las costillas unos a otros en el auto, molestando al chofer	Padre/Madre	*Mensaje en yo y opción:* El movimiento en el asiento de atrás me está perturbando bastante". Si el mensaje en yo no trae resultados, ofrecer laopción. El chofer se aparta de la carretera, se detiene y dice, "Cuando se hayan tranquilizado, seguiré conduciendo".
El niño no puede dormir la noche antes del examen	Niño	*Escuchar reflexivamente:* "Te sientes bastante preocupado por el examen porque representa una parte importante de tu calificación".
Al niño le cuesta llevarse bien con la maestra	Niño	*Explorar las alternativas:* "Estás enojado con el maestro porque piensas que es injusto. ¿Te gustaría hablar de cómo pudieras llevarte mejor con él?"
Un jovencito quiere irse a acampar con amigos sin supervisión	Padre/Madre	*Explorar las alternativas:* "Me preocupa que pudiera suceder alguna emergencia y no habría una persona mayor por allí para ayudarlos. Así que yo no estoy de acuerdo con que vayas sin supervisión. ¿Quieres hablar de acampar con la supervisión de una persona mayor?"

CAPÍTULO SEIS

Una **disciplina** *que* **tiene sentido**

Usted ha examinado muchas maneras de estructurar su relación con su hijo. El respeto y estímulo ayudan a su hijo a sentirse aceptado. Escuchar reflexivamente y enviar mensajes en yo los ayudan a los dos a hablar de sus sentimientos. Darle opciones ayuda a su hijo a aprender a ser responsable. Cuando usted cambia su reacción, le demuestra a su hijo que el mal comportamiento no consigue nada bueno. Todas estas cosas pueden formar parte de su técnica de disciplina.

¿Son la misma cosa la disciplina y el castigo?

Hay quienes piensan que *la disciplina* es lo mismo que *castigar*. Pero la disciplina y el castigo son diferentes. En el Capítulo 1, hablamos de lo que los niños aprenden de estos métodos:

- Los castigos les enseñan a los hijos a sentirnos rencor y temernos. Eso puede reducir su respeto a sí mismo (autoestima). Puede dañar la relación que quisiéramos tener.
- Los castigos les enseñan a los niños que ellos pueden castigar a otros, como por ejemplo, haciéndose el abusador.
- Los recompensas les enseñan a los hijos a conseguir algo—no a cooperar.
- Las recompensas, para ser eficaces, tienen que ir aumentando según los hijos crecen.

He aquí lo que aprenderá . . .

- **El propósito de la disciplina es ayudar a su niño a aprender a ser responsable.**

- **La disciplina es una manera de guiar a su hijo a aprender a escoger entre alternativas.**

- **Las consecuencias pueden ayudar a su hijo a aprender a cooperar y a ser responsable.**

- **El usar consecuencias demuestra respeto hacia todos los miembros de la familia.**

¿Qué es el castigo?

Los castigos incluyen muchas cosas:

Las amenazas, gritos, y críticas. A veces las amenazas se llevan a cabo, a veces no. Los gritos casi siempre ponen peor la situación. Los niños pueden acostumbrarse a solamente prestar atención cuando se les grita. Las críticas e insultos los ofenden a todos por igual—a los padres y a los hijos.

Quitarles objetos o privilegios. A menudo los padres les quitan a los niños algo especial como castigo. Muchas veces lo que se les quita no tiene nada que ver con lo que el niño hizo mal. Por ejemplo, no tiene sentido prohibirles salir a los niños lo mismo por ofensas grandes que pequeñas.

Darles nalgadas a los niños les enseña que pegar es una manera de resolver un problema. Duele. Los niños pueden atemorizarse. Muchas veces el padre o la madre le pega al niño porque está enojado y luego se siente culpable.

¿Qué es la disciplina?

La meta de la disciplina es enseñarle a los niños a ser disciplinados. Es guiar a los niños para que se hagan más responsables. Cuando los niños se portan mal, usamos la disciplina para ayudarlos a escoger un modo mejor de conseguir que se los acepte.

La disciplina no es un sólo acto o declaración. Es un proceso. Tarda tiempo el *aprender a impartir* disciplinar y también el *aprender de la disciplina* misma.

¿Cómo puedo disciplinar a mi hijo?

Éstas son las claves de la disciplina provechosa:
- **Muéstrele respeto a su hijo y a usted mismo.**
- **Exíjale cooperación a su hijo.**
- **Ofrézcale opciones.**
- **Aplique las consecuencias.**

Imponga límites y ofrezca opciones

Algunos padres de familia piensan que tienen que tener control absoluto de sus hijos. Temen que si no lo tienen, sus hijos los van a controlar a *ellos*. Los niños también quieren un poco de control. Tener un poco de control, de una manera positiva, les permite a los niños hacerse más responsables según crecen.

Pensar en la disciplina

Piense en una ocasión en que ayudó a su hijo sin castigarlo.

- **¿Que fue lo que pasó?**
- **¿Qué hizo usted?**
- **¿Por qué cree usted que su niño empezó a portarse mejor?**
- **¿Cómo se sintieron usted y su hijo frente a lo que sucedió?**

¿Qué hubiera pasado si usted hubiera gritado? ¿Si le hubiera pegado a su niño? ¿Si lo hubiera puesto de castigo en casa? ¿Cómo hubieran sido distintas las cosas?

¿Como puede usted darle a su hijo este tipo de control positivo? En vez de darle órdenes, imponga límites. Déjele a su hijo tomar decisiones dentro de esos límites. Fijar los límites le da a usted un poco de control. A su hijo, el poder escoger lo ayuda a tener un poco de control.

- Me puedes ayudar a pintar si primero me escuchas y me observas. O puedes buscarte otra cosa que hacer. Tú eres el que decide".
- "Puedes ir a la práctica de fútbol después que hayas terminado la tarea".
- "Tamara puede pasarse la noche si acuerdas dejar en paz el maquillaje de tu hermana".

Deje que sus hijos aprendan de las consecuencias

Cuando se necesite corregir el comportamiento de su hijo, puede usted valerse de una *consecuencia*. Una consecuencia es el resultado de una decisión tomada por el niño.

Hay consecuencias que simplemente suceden

Las consecuencias que simplemente suceden por causa de una acción se llaman *consecuencias naturales*.

- Si Chavela no cena, va a tener hambre a la hora de dormir.
- Si Domingo no se pone el impermeable ni trae un paraguas, se mojará cuando llueva.
- Si Sandra retoza demasiado violentamente con su perro, puede que el animal la muerda.

Establezca también las consecuencias lógicas

Hay *algunas* consecuencias naturales que son peligrosas. Además, muchos comportamientos no tienen consecuencias naturales. En esos casos, se necesita crear consecuencias *lógicas*.

El lunes, mamá vio a Cati montar en bicicleta sin poner las manos en el manillar. La mamá le dijo a Cati, "Montar sin usar las manos es peligroso. Pudieras perder el control. Entonces pudieras chocar con un auto. Puedes montar la bicicleta con cuidado o puedes ir a casa de tu amiga a pie. Es tuya la decisión".

Cati prometió montar con cuidado. Pero el martes, la mamá la vio haciendo tonterías otra vez con la bicicleta. La mamá le dijo, "Veo que has decidido andar a pie. Puedes montar la bicicleta de nuevo el jueves".

Pensar en los límites

Los límites son importantes. Por ejemplo:

- **Un padre de familia pudiera exigir silencio en la casa de noche de 7:00 a 8:00. La televisión está apagada. Durante este rato de silencio, el niño puede hacer su tarea. Los padres pueden leer, trabajar, y estar a mano para ayudar al niño.**

- **Una madre puede negociar con el niño una hora rutinaria de acostarse. A esa hora, el niño se va al dormitorio. Los padres no pueden obligar al niño a que se duerma. Así y todo el niño tiene un límite— estar en el cuarto.**

Piense en otros límites que pudieran ayudar a su niño.

¿Cómo se distingue una consecuencia de un castigo?

He aquí varias maneras en que se distinguen las consecuencias de los castigos:

- Demuestran respetarse usted y respetar a su hijo.
- Son apropiadas para el mal comportamiento.
- Son para las malas decisiones—no para los niños malos.
- Tienen que ver con el presente—no con el pasado.
- Son firmes y cordiales.
- Permiten elegir.

Las consecuencias demuestran respeto

Las consecuencias demuestran respeto—tanto para *usted* como para *su hijo*:

Está usted tratando de dormir antes de salir para su segundo trabajo. Su hijo o hija tiene la televisión a todo volumen. Se está riendo de alegría. No se le grita, "Apágalo o verás lo que es bueno". Se le dice, "Parece ser un programa muy gracioso. Pero yo necesito dormir. Por favor, bájalo, o busca otra cosa que hacer".

Las consecuencias son apropiadas

Las consecuencias tienen sentido. Son apropiadas para el mal comportamiento.

Ricardito deja revoltijos por toda la casa. Su mamá no dice, "¡No habrá cine para ti el sábado!" Ir al cine no tiene nada que ver con dejar un revoltijo. En vez de eso, la mamá dice, "Vamos a tener la casa limpia. Por favor recoge tus cosas. Si no, meteré en una bolsa todas las cosas tuyas que no hayas recogido. Guardaré la bolsa durante tres días".

La disciplina eficaz es apropiada para el mal comportamiento.

Las consecuencias tienen que ver con el comportamiento

La consecuencias son para las malas decisiones—no para niños malos. Puede que usted haya oído la frase, "Separe el hecho de la persona". Las consecuencias lo ayudan a llevarlo a cabo. ¡El mal comportamiento—no la criatura—es lo que hay que arreglar! Las consecuencias le comunican a su hijo, "No me gusta lo que estás haciendo, pero te sigo queriendo".

Fina usó las herramientas de su papá sin permiso. Quedaron todas revueltas. Se extravió el martillo. Su papá no le dijo, "¡Fina! Tú nunca guardas mis cosas. ¡Ahora se te ha extraviado mi martillo!" En vez de eso, le dijo, "Por favor ayúdame a ordenar estas herramientas de nuevo. Tienes que averiguar dónde dejaste el martillo".

Las consecuencias tienen que ver con el *presente*

Las consecuencias tienen que ver con el presente—no con el pasado.

Cristóbal fue a casa de su amigo a la salida de la escuela. Debía llegar a su casa a las 5:00 para empezar la tarea. Llegó a las 6:00. Su abuelo no le dijo, "¡Siempre llegas tarde! ¿Cuántas veces vamos a tener que pasar por lo mismo? ¡Tú no vas a ir a ninguna parte por una semana, y sanseacabó!"

En lugar de eso, Abuelo no le dijo nada en aquel momento. No se metió en una lucha por el poder con él. Sabía que Cristóbal había tomado una decisión: llegar tarde a la casa. Al día siguiente, Cristóbal quiso volver a ir a casa de su amigo. Abuelo le dijo, "Lo siento, pero tú no estás listo para hacerte responsable de volver a la casa cuando te toca. Hoy tendrás que venir derecho para la casa. Probaremos otra vez mañana".

Las consecuencias son firmes y cordiales

Las consecuencias son firmes y cordiales. Demuestran respeto y afecto.

Robertico quería mucho tener una perrita. Prometió ocuparse de cuidarla. Hoy cuando llega la mamá a casa, encuentra a la perrita con hambre. No tiene agua fresca. El animalito se ha orinado en el piso.

La mamá se ocupa de atender a la perrita. Más tarde, Robertico quiere enseñársela a sus amigos. Los niños quieren juguetear con ella. La mamá no dice, "¡No le diste de comer a Fifi! ¡Y tampoco la sacaste afuera después de llegar de la escuela! ¡Así que hoy no puedes jugar con ella!" En vez de eso, habla en un tono tranquilo. Ella dice, "No, Robertico—hoy no te has ocupado de darle de comer y de sacar a Fifi. Probaremos mañana una vez más".

Las consecuencias permiten escoger entre opciones

Teniendo opciones, el niño tiene algún control.

Cuando sus hijos se pelean estando en la mesa, el papá no dice, "Oigan, ustedes dos, paren con eso en este instante, o se irán a acostarse sin comer". En vez de eso, dice serenamente, "Tranquilícense o váyanse de la mesa hasta que estén listos para sentarse con nosotros. Ustedes decidirán".

¿Cómo puedo utilizar consecuencias con mi hijo?

He aquí algunas normas para utilizar consecuencias.

Sea a la vez firme y bondadoso

Firme y *severo* no quieren decir la misma cosa. Ser severo es demostrar que usted es el que manda. Ser firme es demostrar que usted espera recibir cooperación y respeto. Su voz demuestra bondad. Usted demuestra firmeza dejando a las consecuencias seguir su curso.

Graciela quería que Tere se quedara a pasar la noche. La mamá dijo, "Tere se puede quedar si las dos están de acuerdo con acostarse a las nueve". A las 9:15, Graciela y Tere todavía están jugando alborotadamente. La mamá les dice, "Parece que han decidido que Tere se va a ir para su casa. Iré a llamar a su papá para que la venga a buscar".

La mamá se mantuvo firme en su decisión. No criticó lo que las niñas habían escogido. La mamá pudiera haber hecho otras cosas. Pudiera ser que no había manera alguna de llevar a Tere a su casa a las 9:15. En ese caso, la mamá podría haberlas separado. Los niños a menudo aprenden lecciones muy potentes cuando experimentan las consecuencias. Espere que sus hijos aprendan de los "errores" cometidos.

Hable menos, actúe más

Los niños dejan de atender cuando los padres hablan demasiado. El mejor momento para hablar es cuando usted y su hijo están serenos. Cuando se aplican las consecuencias, lo mejor es hablar lo menos posible mientras se lleva a cabo la acción.

No pelee y no se rinda

Imponga límites y deje a su hijo responder a los mismos. Después, acepte la decisión que el niño tome. No están participando en una competencia, y usted no tiene que "ganar". El objetivo es ayudar a los niños a hacerse responsables por su propio comportamiento.

Cómo fijar las consecuencias

1. **Presente alternativas.** Piense aceptar cualquier opción que su hijo elija, dentro de los límites de usted.

2. **Siga hasta el final.** Permita que la consecuencia tenga lugar. Dígale a su hijo que habrá una oportunidad de cambiar de opción más adelante.

3. **Dele más tiempo.** Si su hijo se porta mal otra vez, tendrá que esperar más tiempo antes de probar de nuevo.

La disciplina eficaz demuestra que usted espera cooperación.

Casimiro le pidió permiso a su mamá para ir al cine con Manuel el sábado. Su mamá dijo que sí podría si terminaba la tarea. Casimiro estuvo de acuerdo. A la 1:00 el sábado, Manuel vino a buscar a Casimiro. Su mamá pidió ver la tarea terminada de Casimiro. Este dijo, "La haré esta noche". Su mamá dijo, "Lo siento, Casimiro, pero ya que la tarea no está hecha, tendrás que perderte la ida al cine".

Casimiro empezó a rogarle. Dijo, "Ay, mamá, si no hay nada que hacer esta noche. Puedo terminar la tarea entonces". "No", dijo su mamá. "Acordamos en que se haría antes de ir al cine". "<u>Por favor,</u> mamá!", exclamó Casimiro. "Yo le prometí a Manuel que lo acompañaría. Por favor, déjame que vaya".

Su mamá no dijo nada más. Sencillamente se fue de la habitación. Ella oyó a Casimiro quejarse con Manuel. Lo oyó patear el suelo por toda la cocina después que Manuel se marchó. Pero ella no le dijo nada más sobre el tema a su hijo.

Su mamá no peleó ni se rindió. Le permitió a su hijo decidir cómo responder a los límites. Casimiro no terminó la tarea. Así que la mamá sabía que él había decidido no ir al cine. Bondadosamente y firmemente, siguió el curso de una disciplina que estaba relacionada al comportamiento.

Use palabras respetuosas

Cuando esté ofreciendo las opciones, use un tono cordial y servicial. Una manera es decir, "Puedes _____ o _____ . Tú puedes decidir."

- "Puedes comer con nosotros con buenos modales o puedes irte de la mesa. Tú puedes decidir".
- "Puedes cumplir con las reglas del autobús o puedes volver a casa a pie. Tú puedes decidir".

Otra manera de hacerlo es usar las palabras "Puedes _____ si _____".

- "Puedes invitar a Catalina y a Ester de visita si estás conforme con no cerrarle la puerta del cuarto a tu hermana".
- "Puedes hacer pizzas si dejas después la cocina tan limpia como la encontraste".

Respete la elección

Puede que su hijo elija la consecuencia como una manera de poner a prueba la determinación de usted de hacer lo que dice.

Cuando esto suceda, acepte la elección de su hijo o hija. Dígale, sencillamente, "Tu comportamiento me indica que has decidido_____". O, "Veo que has decidido. Puedes probar otra vez mañana". Muestre una actitud respetuosa con la voz, con la cara, y con el cuerpo.

Cuando no hay elección posible, aclárelo bien

Muchas veces los padres de familia ofrecen una opción que no va en serio. Si de veras no hay tal elección, no insinúe que la hay. Eso solamente prepara la escena para que haya problemas. Mejor hable claramente de lo que usted espera del niño.

El papá llevó a sus niños a la piscina pública. El iba a tener que irse al trabajo a las seis. No podía llegar tarde. La hora de irse sería a las 5:00, para tener tiempo de arreglarse y llegar a tiempo al trabajo.

El papá no les dijo, "Es hora de irse para la casa—¿okey?" "Okey" parece darles una opción. Y tampoco les dijo, "¿Están listos ya para irnos para la casa?" Oyendo esto, los niños pudieran responder, "No, todavía no".

En vez de esto, a las 4:50 dijo el papá, "Nos tenemos que ir en diez minutos." A las 5:00, les dijo, "Es hora de irnos. Vamos a secarnos".

Si los niños no vienen voluntariamente, el papá les puede ofrecer una opción: "Pueden salir por sí solos, o si no, yo los voy a ayudar a salir de la piscina y el fin de semana que viene no vendremos. Ustedes pueden decidir".

Si los niños no cooperan, el papá va a tener que cumplir con lo que dijo. Mientras los ayuda a ir saliendo del agua, les puede decir, "Probaremos otra vez el fin de semana que viene".

Deje que todos los niños sean responsables

Muchas veces ocurre un problema entre un grupo de niños. Los padres no pueden siempre saber quién fue el que se portó mal. Si esto sucede, no trate de averiguar quién fue el culpable. Y no les haga caso a los que dan quejas. Haga que los niños decidan cómo hacerse cargo del problema:

Rebeca tenía tres hijos, de 8, 9, y 11 años de edad. Rebeca estaba en casa en las últimas horas de la tarde. Con frecuencia sus niños invitaban a amigos a ver televisión. Cuando se iban los niños, Rebeca siempre hallaba corazones de manzana, tazas, envolturas de caramelos, y migas por toda la sala. Una tarde le dijo a los niños, "Si quieren merendar mientras ven televisión, van a tener que limpiar lo que ensucien".

Esa noche, Rebeca halló que habían limpiado una parte—pero no todo lo que habían ensuciado. No se puso a hacerse la detective. Mejor, ella decidió no dejar, al día siguiente, que los niños comieran en la sala. Pensaba que los niños podrían encontrar una solución entre ellos mismos. Ellos podrían decidir cómo recuperar el privilegio de comer en la sala.

¿Qué es lo que tiene sentido?

Utilice disciplina que sea apropiada para el mal comportamiento— eso es lo que tiene sentido. Eso significa que cada consecuencia será distinta. Dependerá del mal comportamiento. Por ejemplo:

Si su hijo se niega a cenar, no se le manda a la cama. Tenerse que acostar no tiene nada que ver con comer. Por contrario, acepte que el niño coma lo que quiere comer de la comida que usted ha servido. Pudiera decírsele, "Esto es lo que vamos a cenar esta noche. La próxima comida será el desayuno".

Recuerde que usted no está tratando de *obligar* a su hijo a comer. Usted le está enseñando a su hijo a tomar decisiones y aprender de los resultados de las mismas.

No se preocupe de lo que piensen los demás

A veces los niños arremeten contra los límites delante de otra gente. Es una manera de poner a los padres a prueba. Es importante llegar hasta el fin del asunto:

Felipe y Nicolás tienen 10 años. Están en el mismo equipo de pelota. El papá de Felipe se sentó con la mamá de Nicolás en el juego de su hijo. Después del juego, los muchachos querían ir al cine.

La mamá de Nicolás se ofreció a llevarlos en auto y recogerlos. El papá le preguntó a Felipe, "¿Qué película?" "¡Terror en la noche!", dijo Felipe. El papá dijo, "No, esa película es demasiado violenta,

Negociar las consecuencias

En el caso de hijos mayores es muy importante negociar las consecuencias. Ellos son más propensos a seguir las consecuencias si las han ayudado a decidir ellos mismos. Pregúnteles qué les parece que sería justo, o que harían si ellos fueron el padre o la madre. Si el niño se niega a decidir, o escoge consecuencias ilógicas, usted va a tener que fijar la consecuencia.

A veces no hace falta negociación. Tal vez el problema sea demasiado insignificante o demasiado serio, con opciones muy limitadas. Habrá muchas otras oportunidades para que el niño participe en la negociación de las consecuencias.

Felipe. Ustedes pueden escoger una distinta". "Pero, papá", dijo Felipe, "Eso no es justo. Nicolás ya la ha visto una vez, y dice que es estupenda. ¿Por favor, anda, di que sí?"

La madre de Nicolás le dijo a Papá, "Yo la vi con Nick, y a mí no me pareció tan mala". "Ya ves, papá", exclamó Felipe. "Anda, no me trates como si fuera un niñito de brazos". Pero el papá se mantuvo firme. Le dijo a la mamá de Nicolás, "Es usted muy amable por ofrecerse a llevarlos al cine. Pero yo no quiero que Felipe vea esta película. El puede escoger otra, o quedarse en casa esta noche". "¡No es justo!" gritó Felipe. "Si Nicolás puede ir, ¿por qué no puedo ir yo?"

El papá dijo con tranquilidad, "Veo que has decidido volver a casa esta noche, Felipe. Toma tu guante y tu gorra y vámonos".

La meta de la disciplina es enseñar a los niños autodisciplina.

No es fácil mantenerse firme cuando otro padre de familia lo pone a uno en tela de juicio. Pero el mensaje que le envía a su hijo es fuerte. Los límites suyos son claros y constantes.

A veces hay padres que se avergüenzan del comportamiento de sus hijos. Piensan que eso demuestra algo malo acerca de los padres. Pero los niños no siempre se van a portar como nosotros quisiéramos que se portaran. Cuando ése es el caso, no es siempre culpa nuestra.

Manténgase sereno

Gritar, regañar, o amenazar convierte a una consecuencia en castigo. Mantenga su serenidad. Sea bondadoso y firme a la vez. Demuestre tenerse respeto a usted mismo, y a su hijo.

Si se enoja de todos modos y encuentra que es difícil mantener su serenidad, *espere*. No diga nada. Apártese y váyase a otra habitación hasta que se calme un poco. Si no puede dejar la

Puede ser que otros padres de familia no aprueben sus métodos de disciplina.

habitación, dígale a su hijo, "Estoy demasiado enojado(a) en estos momentos. Nos hace falta hablar de esto más tarde". Respire profundamente varias veces y piense en una manera de poder ofrecer opciones cuando usted se haya calmado. Después, fíjese en acciones positivas poco después de que haya corregido la mala conducta. Esto ayuda a separar la acción del autor de la misma.

Sea paciente

Las consecuencias reducen pero no eliminan del todo el mal comportamiento futuro. Eso puede tardar bastante tiempo. Usted está cambiando su manera de actuar. Su hijo pudiera estar poniendo a prueba los límites. No olvide lo siguiente:

$$\text{LA PACIENCIA} + \text{LA PRÁCTICA} = \begin{array}{l}\text{EL PROGRESO} \\ \text{PARA USTED} \\ \text{Y PARA SU HIJO}\end{array}$$

Cuando los padres no pueden ponerse de acuerdo

El padre y la madre no siempre pueden llegar a un acuerdo sobre la disciplina. Si esto es lo que pasa en su familia, los padres tendrán que tratar a los niños cada uno a su manera. No es bueno para sus niños que los padres discutan por causa de la disciplina. Ellos sabrán adaptarse a la manera de actuar del padre y de la madre. Dé usted un ejemplo de cooperación y respeto mutuo lo mejor que pueda.

La familia con padrastro o madrastra

Es posible que los hijastros no acepten la disciplina que les imponga el padrastro o la madrastra. A no ser que surjan problemas entre el padrastro y el hijastro, lo mejor es dejar que el padre o a la madre se ocupe de la disciplina. Según vayan mejorando las relaciones familiares, el padrastro o la madrastra podrá ir teniendo un papel disciplinario más parecido al del padre o de la madre.

Practicar cómo decirlo

Cuando usted da una consecuencia, su propósito es permitirle aprender al niño. Hay tres puntos importantes:

- **su tono de voz**
- **su lenguaje corporal**
- **las palabras que escoge**

Piense en un problema con su hijo. Piense en palabras respetuosas para darle una alternativa. Practique frente a un espejo.

Un paso de aliento
STEP

Tome nota cuando su hijo trata de hacer algo positivo. Fije su atención en el esfuerzo. Dele aliento. Por ejemplo:

- **"Pasaste mucho tiempo haciendo eso".**
- **"Se siente uno bien cuando logra adelantar".**
- **"Parece que esta parte ha empezado muy bien".**

Tome nota de una manera especial cuando su hijo trata de cooperar.

Usted acaba de dar otro gran paso

En el Capítulo 6, ha aprendido un sistema de disciplina que tiene sentido:

- Ha analizado las diferencias entre el castigo y la disciplina.
- Usted ha aprendido modos de imponer límites y ofrecer opciones.
- Usted ha comprobado que puede disciplinar a su hijo enseñándole respeto y firmeza.
- Usted ha pensado en las opciones que le puede ofrecer a su hijo.
- Usted ha entendido la importancia de tener paciencia y ser constante.

ESTA SEMANA

Seleccione *un* problema de disciplina en el cual va a trabajar. ¡No empiece por el más difícil! Piense en las consecuencias que pudiera usar. Piense en lo que va a decir y hacer cuando ofrezca opciones. Sea constante, cordial y firme. Siga hasta el final con las consecuencias.

Para su *Familia*

Continúe con las reuniones familiares. Traten las consecuencias de no cumplir con los acuerdos. Cuando hablan de consecuencias, diga, "A todos se nos olvidan a veces. ¿Qué debe pasar si alguien se olvida de un acuerdo que hemos hecho?" Es posible que los niños inventen ideas de castigos, como por ejemplo, "darles nalgadas". Si esto sucede, dígales a los niños que usted no se siente feliz con esa solución, y traten juntos de decir todas las soluciones que se les ocurran para buscar otras soluciones.

Para los quehaceres de la casa, muchas familias deciden implantar una regla de "primero trabajamos, y luego jugamos". Antes de que las personas puedan empezar a divertirse, tienen que haber terminado con sus quehaceres. La regla se aplica a los padres así como a los niños.

SÓLO PARA USTED

Los derechos de los padres y los hijos

Los padres y los hijos tienen derechos. Centrar toda su vida en sus hijos no es bueno ni para usted ni para ellos.

Como padre o madre, usted tiene derecho a:

- amistades
- su vida privada
- tiempo para usted mismo
- respeto para sus pertenencias
- una vida aparte de sus hijos

Su hijo tiene derecho a:

- criarse en un hogar amoroso y libre de peligros
- amistades aparte de la familia
- su vida privada
- respeto para sus pertenencias

Estos derechos se pueden expresar en una sola frase: *respeto mutuo.*

Durante esta semana, busque la manera de preservar sus derechos. ¿Qué hará para demostrar que respeta los derechos de su hijo?

PUNTOS PARA RECORDAR

1. La disciplina ayuda a los niños a aprender a cooperar. Los ayuda a aprender a tener control de sí mismos.

2. Las claves para la disciplina efectiva son:
   - Demostrar que respeta a su hijo y que se respeta usted mismo.
   - Contar con la cooperación de su hijo.
   - Ofrézcale alternativas.
   - Imponga consecuencias.

3. En vez de dar órdenes, fije límites y ofrezca alternativas. Los límites y las alternativas les dan a todos un poco de control.

4. Una consecuencia tiene lugar cuando un niño elige. Las consecuencias son una forma de fijar límites y ofrecer alternativas. Las consecuencias:
   - demuestran respeto por usted y por su hijo
   - son apropiadas para el mal comportamiento
   - son para malas selecciones, no para niños malos
   - se tratan del presente, no del pasado
   - son firmes y cordiales
   - permiten elegir

5. Para utilizar las consecuencias, ofrezca alternativas. Entonces, siga hasta el final, dejando que el niño actúe basándose en esa elección.

6. Unas normas para utilizar las consecuencias son:
   - Sea firme a la vez que bondadoso.
   - Hable menos, obre más.
   - No pelee ni se dé por vencido.
   - Use palabras respetuosas.
   - Respete la selección.
   - Cuando no hay alternativa, dígale bien claro.
   - Deje que todos los niños se hagan responsables por lo que elijan.
   - No se preocupe por lo que puedan pensar los demás.
   - Manténgase sereno.

7. Téngase paciencia usted mismo, y téngasela a su hijo.

Tabla 6

CONSECUENCIAS Y RUTINAS DIARIAS

Hora del día	Actividad o problema	Alternativas (Hable en un tono respetuoso)	Consecuencias
Por la mañana	Levantarse a la hora debida	"Puedes levantarte a la hora debida o acostarte más temprano".	Si el niño se levanta tarde: Se retira a su habitación más temprano esa noche.
		"Puedes poner tu reloj despertador y levantarte a la hora debida o quedarte sin desayunar. Tú decides".	Si el niño se levanta tarde: Se queda sin desayunar.
	Tomarse el desayuno	"Puedes tomarte el desayuno o envolver una merienda saludable para llevar.	Si el niño se queda sin desayunar: Se lleva una merienda saludable.
	Tenerlo todo listo para ir a la escuela	"Puedes levantarte con tiempo para preparar tu almuerzo, o puedes prepararlo la noche anterior".	Si el niño no prepara el almuerzo: Se queda sin almorzar, o usa su propio dinero para comprarse el almuerzo.
			Si al niño se le olvida o se le pierde el dinero para el almuerzo: Pasa hambre ese día.
		"Salgo para el trabajo antes de que te levantes. Puedo firmar tu papel de permiso para la excursión la nocheanterior".	Si el niño no consigue la firma para el papel de permiso: No va en la excursión.
Después de la escuela	Televisión	"Puedes ver televisión una hora, o después de la escuela, o después de la comida".	Una vez alcanzado el límite: El padre o la madre apaga la televisión.
		"Puedes ver programas de los que ya acordamos, o puedes buscar otra cosa que hacer".	Si el niño discute o mira programas no permitidos: Los padres apagan la televisión. El niño se busca otra cosa que hacer.
	La tarea	"Puedes hacer la tarea después de la escuela o después de cenar. Tú decides".	El niño hace la tarea antes o después de cenar. Si el niño no hace la tarea: Al día siguiente, la hará después de la escuela.
		"Puedo recogerte en la biblioteca a las cinco, o puedes venir para la casa a pie".	El niño llega a la hora debida, o va para la casa a pie.
Primeras horas de la noche	Teléfono	"Puedes hablar por teléfono después que hayas terminado la tarea".	Si el niño usa el teléfono antes de hacer la tarea: No se le permite usar el teléfono el resto de la noche.
		"Puedes hacer la tarea hablando por teléfono si puedes acabar en veinte minutos".	Cuando se ha alcanzado el límite, el padre o la madre interrumpe respetuosamente al niño para poner fin a la llamada.
		"Por favor pon un límite de diez minutos a tus llamadas telefónicas, o habla con tus amigos en la escuela".	
	Trabajos de cocina	"Por favor friega la loza, o nos vamos a quedar sin platos limpios".	Si el niño no friega la loza: El padre o la madre deja que los platos sucios se amontonen.
	Actividades	"Puedes apuntarte para béisbol o fútbol. Tú decides".	Si el niño no escoge: No se apunta para ningún deporte, o el padre o la madre elige por él.
		"Puedes tocar en la banda si estás de acuerdo con practicar. De ti depende".	Si el niño no practica: Los padres devuelven el instrumento a la escuela o a la tienda donde se alquiló.
		"Puedes ir al centro comercial si el papá de Ted o su hermana mayor van también.	Si el niño va al centro comercial sin una persona mayor: No se le permitirá ir más. El padre o la madre decidirá cuándo el niño puede probar de nuevo.
	La hora de dormir	"Te puedes acostar o puedes hacer algo tranquilo en tu cuarto".	Si el niño juega o lee en su cuarto hasta demasiado tarde: Sufre la consecuencia natural de sentirse cansado a la mañana siguiente.
		"Puedes dirigirte a la cama, o yo te puedo acompañar: Tú decides".	Si el niño no se va a acostar por su propia cuenta: El padre o la madre lo lleva para el cuarto.

CAPÍTULO SIETE

Cómo **elegir** su **estrategia**

Usted ha aprendido cuatro maneras de ayudar a su hijo a optar por un comportamiento mejor:

- **Escuchar reflexivamente. Esta técnica es útil cuando su hijo es el dueño del problema.**
- **Usar mensajes en yo para comunicar lo que siente. Los mensajes en yo son útiles cuando usted es el dueño del problema.**
- **Explorar las alternativas. Esto lo puede hacer sin importar quién sea el dueño del problema.**
- **Ofrezca opciones. La opción dependerá de quién es el dueño del problema.**

¿Cómo puedo decidir lo que debo hacer?

El método que usted emplee dependerá de lo que esté pasando. En algunos casos nada más usará uno. Otras veces los usará todos.

Emilio, de 11 años, deja sus cosas por todas partes. Hay zapatos, tarjetas de béisbol, libros, y envolturas de comestibles por todas partes. La mamá usó un mensaje en yo: "Cuando las cosas no están recogidas, me siento frustrada. Me gusta encontrar un lugar agradable cuando llego a la casa". Emilio dijo, "Lo sé. Discúlpame. Lo haré mejor". "Muy bien", dijo su mamá. "Gracias".

Esa noche Emilio recogió casi todas las cosas y se las llevó a su cuarto. Pero al día siguiente empezó de nuevo a dejarlas por todas partes. Su mamá decidió explorar las alternativas en una reunión

He aquí lo que aprenderá . . .

- **El método que usted use dependerá de la situación.**
- **Para decidir qué hacer, pregúntese cuál es la meta de su hijo, quién es el dueño del problema, cuál es el propósito suyo, y cómo puede usted ayudar más.**
- **Con las tareas escolares, el trabajo que le corresponde a usted es ayudar a su hijo a estar listo y preparado para aprender.**
- **Usted puede esperar de sus hijos que se lleven bien y que resuelvan los problemas entre ellos por sí solos.**
- **Usted puede usar sus habilidades y técnicas de STEP para ayudar a sus hijos a evitar problemas serios de peligro y seguridad.**

familiar. Dijo ella, "Emilio, cuando nuestros acuerdos no se tienen en cuenta, me siento como que yo tampoco cuento para nada por aquí". Emilio dijo, "¿Por qué es que todo tiene que estar perfecto?"

Su mamá decidió escuchar reflexivamente. Dijo, "¿Estás enojado porque piensas que yo no soy razonable en esto de que la casa esté ordenada?" "Si", dijo Emilio. "Me gusta cuando las cosas están un poco en desorden. Me siento más cómodo". El papá dijo, "Emilio, mamá y yo trabajamos duro para mantener nuestro hogar limpio y arreglado. Queremos encontrar un lugar agradable cuando llegamos a la casa". "Pero es la casa mía también", dijo Emilio. "Y odio que me estén regañando constantemente". La mamá dijo, "Me parece que nos hace falta encontrar una manera de que todos podamos sentirnos cómodos. ¿Qué les parece que podemos hacer?"

Emilio y sus padres comenzaron a ofrecer todas las ideas que se les ocurrieron para resolver el problema. Se pusieron de acuerdo con un plan. Después de la escuela, Emilio descansaría por media hora. Luego, recogería sus cosas. Su mamá y su papá no lo regañarían. Mientras que la sala, el baño, y la cocina estuvieran ordenados, Emilio podría tener su cuarto tan desarreglado como quisiera. Acordaron probar el plan por una semana.

Por dos días Emilio lo recogió todo. Pero pronto empezó a dejar sus cosas por todas partes de nuevo. Su mamá y su papá no le dijeron nada a Emilio. Al final de la semana, el papá dijo, "¿Cómo creen ustedes que está funcionando nuestro plan?" Todos miraron el desorden que había en la sala. Emilio dijo, "Es duro tener que recoger constantemente. Me siento cansado después de la escuela".

La mamá le preguntó a Emilio qué ideas tenía para solucionar el problema. El no ofreció ningunas. La mamá se mantuvo cordial. Al mismo tiempo fue firme. Dijo, "Emilio, parece que tú te sientes acosado porque queremos que cumplas con nuestro acuerdo. Pero papá y yo tenemos derecho a un hogar limpio. Tienes una opción: puedes recoger según acordamos. O yo recogeré las cosas que me encuentre, y me quedaré con ellas hasta que demuestres que estás listo para guardar tus cosas. Tú decidirás".

Emilio se enojó. Gritó, "¡No te puedes quedar con mis cosas!" El papá se mantuvo sereno. Le preguntó a Emilio, "¿Tienes otra idea de cómo resolver este problema?" "¡No!" gritó Emilio. "¡No se pueden quedar con las cosas que son mías!" La mamá y el papá no dijeron nada más. Se pusieron de pie tranquilamente y salieron a dar un paseo.

Estos padres tuvieron que usar todos los métodos para enfrentar el comportamiento de Emilio. Se puede ver que los usaron poquito a poco.

Primero, la mamá uso un mensaje en yo. El mensaje en yo de la mamá pudiera haber resuelto el problema. Luego, unos días más tarde, la mamá pudiera decir, "Emilio, te agradezco la manera en que has estado recogiendo tus cosas". Pero el mensaje en yo de la mamá no solucionó el problema. Así que la mamá añadió otro método.

La mamá decidió escuchar reflexivamente. La manera de escuchar de su mamá le mostró a Emilio que ella respetaba su manera de pensar y que contaba con que él cooperara. El problema pudiera haberse terminado con eso. Pero no fue así. La mamá y el papá decidieron añadir otro método.

La familia exploró las alternativas. El papá y la mamá siguieron respetuosos. Le pidieron a Emilio sus ideas. Cuando él no ofreció ninguna, ellos buscaron ideas propias. Dijeron todas las ideas que pudieron imaginar y formularon un acuerdo. Si Emilio hubiera cumplido con el acuerdo, el problema se hubiera solucionado. Pero Emilio no fue constante con el acuerdo. La mamá y el papá decidieron usar una disciplina que tuviera sentido.

Su mamá y su papá le dieron a escoger a Emilio. Su mamá y su papá se mostraron cordiales pero firmes. Cuando Emilio discutió, ellos rehusaron a entrar en una lucha por poder.

¿Y qué pasará si Emilio sigue sin recoger? Entonces su mamá y su papá tendrán que hacer lo que dijeron que iban a hacer.

El papá y la mamá tienen que seguir con el asunto hasta el final. La mamá y el papá tendrán que quedarse con las cosas que Emilio deja tiradas por todas partes. Dentro de poco, Emilio perderá una tarjeta de béisbol muy especial o un papel muy importante de la escuela. Entonces puede ser que empiece a recoger sus cosas.

Emilio aún necesita que lo alienten. Su mamá y su papá tienen que buscar maneras de alentar a Emilio en momentos en que no se esté portando mal. ¿De qué forma?

- Notando los esfuerzos de Emilio
- Mostrándole a Emilio que lo aprecian
- Pidiéndole a Emilio que los ayude
- Invitándolo a que participe en tomar las decisiones de la familia

Todas estas sugerencias son maneras de ayudar a Emilio que pudieran usar su padres para que su hijo escogiera modos mejores de comportarse.

Tardará un rato. Si la mamá y el papá no se dan por vencidos, su relación con Emilio deberá mejorar. Con el pasar del tiempo, quizás noten que tienen que usar consecuencias con menos frecuencia. Emilio les tendrá más respeto. Sabrá que usarán una consecuencia si hay que hacerlo. Podría decidir cambiar su proceder antes de que llegue una consecuencia.

Decidir lo que hay que hacer

Cuando haya un problema con su hijo, empiece por decidir quién es el dueño del problema. Pregúntese:

1. **¿Es que no se están respetando mis derechos?**

2. **¿Pudiera resultar en daño para alguien?**

3. **¿Está en peligro la propiedad de alguien?**

4. **¿Es demasiado pequeño mi hijo para hacerse responsable de este problema?**

- **Si la respuesta a *cualquiera* de estas preguntas es sí, entonces el problema es de usted.**

- **Si la respuesta a *todas* las preguntas es no, entonces su hijo es el dueño del problema.**

Si su hijo es el dueño del problema

Si su hijo es el dueño del problema, pudiera usted hacer una de las siguientes cosas: decidir no hacerle caso al problema, escuchar reflexivamente, o ofrecerse a explorar las alternativas para resolver el problema.

Si usted es el dueño del problema

Si usted es el dueño del problema, decida qué meta tiene su hijo. Note cómo se siente usted. Responda de una manera que su hijo no espera. Piense en su propio objetivo.

- **¿Desea darle atención a su hijo, o ayudarlo a ser autosuficiente?**

- **¿Desea enseñarle quién manda, o ayudarle a ser independiente y responsable?**

- **¿Quiere vengarse, o mostrarle que usted lo comprende?**

- **¿Quiere dejarle pasar la ofensa, o quiere ayudarlo a tener confianza en sí mismo?**

Según el problema, puede no hacer caso del mal comportamiento. Use mensajes en yo para decirle cómo se siente. Explore las alternativas para resolver los conflictos. Si es necesario, ofrézcale opciones y deje que su hijo aprenda de las consecuencias. Sea firme y respetuoso a la vez.

Piense en qué se puede hacer

Piense en un problema que tiene usted en casa con su hijo. Decida quién es el dueño del problema. Piense en su propósito. Decida cómo puede usted ayudar más. Pregúntese:

- **¿Cuál es la meta de mi hijo o hija?**

- **¿Puedo no hacer caso a esta mala conducta?**

- **¿Puedo escuchar reflexiva- mente? ¿Puedo usar un mensaje en yo?**

- **¿Podemos explorar las alternativas?**

- **¿Puedo dar una opción?**

- **¿Cómo puedo alentar a mi hijo o hija?**

Piense en una manera de resolver el problema con el hijo o la hija.

La disciplina efectiva tiene que ajustarse al mal comportamiento.

Cuando los niños se olvidan de los quehaceres

Los padres tal vez piensen que el no darles a los niños, un estipendio (una pequeña cantidad de dinero para su uso personal) cuando no hacen los quehaceres constituye una consecuencia. ¿Qué aprenden los niños? Que se les debe pagar para que contribuyan a la familia.

Los hijos tienen derecho a compartir el dinero de la familia. También necesitan dar una mano. En las reuniones familiares, hablen de lo que debe suceder si los individuos se olvidan de los quehaceres. Tal vez se pongan de acuerdo para seguir una regla de "trabajar antes de divertirse".

Si los quehaceres siguen sin hacerse, use "el intercambio de trabajos". Usted dice que hará los quehaceres de los niños. Entonces no tendrá tiempo para hacer otras cosas que ellos quieren, tales como llevarlos en auto a ciertas actividades. Liste lo que usted hará para ellos. Hable de las cosas que se quedarán sin hacer si usted tiene que ocuparse de los quehaceres de los hijos. Iguale los trabajos que se intercambian lo más que sea posible. No utilice el intercambio de trabajos como un arma ofensiva. Hablen de los quehaceres en la próxima reunión familiar. En esa ocasión, los hijos pueden decidir si quieren hacer sus quehaceres. Si no, siga con el intercambio de trabajos.

¿Y qué decimos de los trabajos escolares?

La escuela es la responsabilidad del niño. ¿Quiere decir esto que usted jamás debe ayudar a su hijo o hija con el trabajo de la escuela? No. Para progresar en la escuela, sus hijos necesitan el apoyo suyo.

Prepare el ambiente

Aquí mencionamos algunas cosas que usted puede hacer para ayudar a su hijo a poder tener éxito en la escuela:

Dele a su hijo alimentos sanos. Una alimentación saludable ayuda tanto el cuerpo como la mente de su hijo.

Anímelo a que haga ejercicio. Su hijo puede hacer algún ejercicio a diario. Le ayudará a desarrollarse en cuerpo y mente. Le ayudará a su hijo a manejar las tensiones. Ejercicios moderados, tales como caminar, pueden convertirse en una actividad que se practica en familia.

Aumente la autoestima de su hijo o hija. Deles todo el estímulo que pueda. Los niños que tienen una buena opinión de sí mismos estarán ansiosos de aprender.

Enséñeles a ser responsables. Ayúdeles a aprender a ser responsables en casa. Los niños pueden ocuparse de quehaceres. Pueden elegir dentro de los límites y experimentar los resultados de esas decisiones. La responsabilidad en el hogar les ayudará a ser más responsables en la escuela.

Participe en la escuela. Conozca a la maestra o maestro de su hijo. Asista a las conferencias entre padre y maestro. Tome parte en las actividades escolares. La mayoría de las escuelas tienen una organización para padres de familia y maestros. Hágase miembro. Ofrézcase de voluntario en la sala de clase o ayude con alguna función en la escuela.

Únase a un grupo para padres de familia. Uno se inspira hablando con los demás padres en un grupo para padres de familia. Es un buen modo de aumentar sus técnicas y su confianza en sí mismo. Según lo vaya haciendo, se irá convirtiendo en un padre o una madre mejor. Será más fácil trabajar con su hijo. Si usted está leyendo este libro por su cuenta, piense en unirse a un grupo STEP para padres de familia.

La escuela es un esfuerzo de equipo

Piense en la enseñanza de su hijo como un esfuerzo de equipo. Los miembros del equipo son la maestra, el niño, y usted:

- El trabajo de la maestra es enseñar.

- El trabajo del niño es aprender.

- El trabajo de los padres es ayudar al niño a estar listo y preparado para aprender.

Evite las recompensas y castigos

Algunos padres de familia les pagan a los hijos por buenas calificaciones. Las calificaciones no son tan importantes como aprender. Si los niños empiezan a esperar que les den dinero por calificaciones, pueden empezar a fijarse más en el dinero y no en aprender. También puede ser que pierdan la oportunidad de disfrutar de las recompensas que vienen de aprender, de trabajar duro, y de hacer una buena labor. Estas recompensas las obtiene el niño de dentro de sí mismo.

Algunos padres castigan a sus hijos por sacar malas calificaciones. El castigo no ayuda al niño a aprender a ser responsable. Castigar al niño a estarse en casa, pegarle, o quitarle la televisión, resulta en luchas por poder y en descorazonamiento, y no en cooperación.

Deje que su hijo sea responsable

Hay niños que pueden ocuparse por su cuenta de su tarea sin problemas. Ponen su propio horario y hacen el trabajo sin chistar. Otros pueden necesitar que usted los ayude a crearse una rutina para hacer las tareas.

- **Déjele a su hijo decidir cuándo es que va a hacer la tarea.**
- **Verifique que su hijo tiene un lugar especial para hacer la tarea.**
- **Esté a mano para contestar preguntas o repasar material con su hijo al final de un tiempo de estudio.**

Si su hijo rehusa aceptar la responsabilidad, habrá consecuencias en la escuela. Permita que su hijo sufra esas consecuencias. Si usted y el maestro piensan que usted debe ayudar a su hijo, use las técnicas como dar aliento y tener comunicación que usted ha aprendido en STEP. Si esto no funciona tampoco, ofrezca opciones.

- **"Puedes estudiar después de la escuela o antes de la comida. ¿Cuál escoges?"**
- **"Puedes ir al cine el sábado si tu tarea está hecha según acordamos".**

Si su ayuda o las opciones no dan resultado, el niño pudiera estar buscando poder o venganza. Dígale serenamente a su hijo, "Yo no puedo obligarte a estudiar. Te dejo a ti la decisión. Puedes pedirme que te ayude". Sea firme consigo mismo para apartarse de cualquier competencia por poder. Habiéndose admitido a sí mismo que usted no puede obligar a su hijo, ¿qué otras opciones tiene? A la larga, si usted de verdad se propone dejar la cuestión en manos del niño, el niño se hará responsable.

¿Es que su hijo está teniendo dificultades de verdad? Escuche reflexivamente para enterarse más de lo que está pasando. Hable de los modos de obtener la ayuda necesaria. No deje de pedirle cooperación a la maestra del niño. Explíquele a la maestra las razones de su manera de actuar.

Sea una persona que alienta

Algunos niños hacen las cosas mal en la escuela para demostrar que son inadecuados. Acuérdese que el niño que se muestra inútil está extremadamente desanimado. Es importante que usted:

- **Se fije en cada pequeño paso adelante que dé el niño—en el trabajo de la escuela y en otras áreas—y que lo anime.**
- **Ponga toda su atención en los puntos fuertes que tiene el niño.**
- **Les diga a sus hijos que los ama.**

¿Y qué hacemos con los otros problemas?

Para cada problema, usted puede usar los métodos que ha aprendido en STEP. Veamos algunos ejemplos.

"Eso yo no lo voy a comer".

Muchos niños son melindrosos para comer. La mayoría de los padres se preocupan por lo que los niños comen o dejan de comer.

Inés es melindrosa para comer. Muchas noches se come solamente una pequeña parte de la cena. Dice ella, "No me gustan los tomates. Son babosos". "Estoy cansada de pollo. ¡Qué repugnante!" "¡Qué asco! ¿Qué es lo que hay en este plato?"

A los padres de Inés les gustaría que ella se comiera la cena. Se preocupan de que ella no tenga la nutrición que necesita. En la casa no tienen comidas para picar como helado ni papitas fritas. Por contrario, compran alimentos nutritivos para picar.

¿Qué pueden hacer los padres de Inés?

Inés es la dueña del problema de ser melindrosa para las comidas. Sus padres no la pueden obligar a comerse la cena. Pero eso no significa que ellos no pueden hacer nada para ayudarla.

- Los padres de Inés pudieran ponerse a pensar qué meta ella tendrá. Si ellos se sienten molestos, puede ser que ella busca la atención. Si se sienten enojados, puede ser que Inés desee el poder. Pueden negarse a pelear. Pueden sencillamente no hacer caso por unos días de lo que come Inés y de sus

Los niños que tienen una buena opinión de sí mismos son más propensos a pensar por sí mismos.

comentarios. Pueden darle a Inés atención positiva y animarla en otros momentos.

- Los padres de Inés pudieran preguntarle a ella qué quisiera cenar. Este pudiera ser un tema bueno para una reunión familiar. Pudieran ponerse de acuerdo en cuándo se serviría algo que Inés pidiera. Hasta pudieran dejar que ella lo ayudara a cocinar.
- Los padres de Inés pudieran ofrecerle una opción: A la hora de cenar, pudieran decirle, "Come la cantidad que tú quieras. Esto será todo hasta la hora del desayuno". Si Inés pasa hambre por unas cuantas noches, pudiera decidirse a comer una cena más saludable.

Si Inés no se mantiene saludable, este problema se convertirá en problema de los padres. Algunos niños van demasiado lejos y comen muy poco. Puede ser sumamente serio. Si esto sucede, los padres tendrán que llevar a la hija a recibir atención médica.

¿Cuándo es un problema la comida?

Los cuerpos de los niños y los hábitos de comer varían. No es nada raro que a un niño no le gusten ciertos alimentos o que quiera comer demasiados dulces. A veces el comer se convierte en problema. Busque atención médica si su hijo o hija:

- **se niega a comer por miedo a ponerse gordo(a)**
- **se siente gordo aún cuando el niño es delgado en realidad**
- **come demasiado la mayor parte del tiempo**
- **sube o baja de peso con gran rapidez**

Cuando pelean los hermanos

Los hermanos pelean a veces. Estas peleas son tan comunes que muchos padres de familia pensan que es "lo normal". Los padres esperan que los hermanos se peleen. Los niños saben lo que los padres esperan.

Leonel y Adán pelean mucho. Por la mañana, Adán toca muy duro en la puerta del baño. Leonel se queda adentro lo más que puede, nada más que para irritar a Adán. En la escuela, Adán se burla de Leonel. Lo hace pasar vergüenza delante de sus amigos. Al salir de la escuela, discuten de quién va a hacer cuál de los quehaceres. Leonel le dice "idiota" y "animal" a Adán. Adán trata de comerse todos los bocaditos preferidos de su hermano. El papá trata de hacerlos parar, pero ellos siguen peleando.

El papá está hasta la coronilla con ellos. Se siente mal de que sus hijos no se lleven mejor, pero no sabe que más pudiera hacer. Piensa que la mayoría de los niños en las familias pelean.

Adán y Leonel son dueños del problema de cómo llevarse bien. Los intentos que hacen los padres por poner fin a las peleas generalmente las empeoran. No importa lo que hagan, por lo menos uno de los hijos probablemente pensará que los padres se pusieron de parte del otro.

Las peleas de los hijos casi siempre tienen una meta. Pudiera ser captar la atención de los padres. Pudiera ser demostrarles a los padres que ellos pueden hacer lo que quieren. Un hijo puede que la tome con el otro que le parece ser "el favorito" de los padres.

¿Qué puede hacer el papá?

- El papá no puede obligar a Adán y a Leonel a que se lleven mejor. Pero sí puede exigirles que cooperen. También puede tomar nota cuando lo hacen. Cuando los vea llevarse bien, pudiera decirles: "Ustedes dos parecen estar divirtiéndose". O, "Parece que han resuelto el problema".

- El papá puede negarse a meterse en la cuestión. Si lo hace, las peleas de Adán y Leonel pueden empeorarse aún más. Tal vez traten de meter al padre de nuevo en la lucha, dándole quejas el uno del otro. El papá pudiera decirles, "Este problema es para que lo resuelvan tú y tu hermano. Yo sé que ustedes podrán resolverlo". Esto les demuestra a los muchachos que el papá piensa que ellos sí se pueden llevar bien. Si persisten en pedirle al papá que inter venga, puede irse para otra habitación y cerrar la puerta.

¿Y qué pasa si alguien puede salir lesionado? Si se pegan, se muerden o se patean, el problema pasa a ser del papá. Entonces él puede valerse de una consecuencia. El pudiera decir: "Uno de ustedes se va a lastimar. O manejan su problema sin pegarse, o hay que separarlos hasta que se puedan llevar mejor". Si siguen pegándose, el papá tendrá que cumplir con lo que dijo y separar a los niños.

¿Qué hacemos si uno de los niños es mucho más pequeño? Si uno de los niños es más pequeño y pudiera resultar lesionado, el papá tendrá que intervenir. Por ejemplo, si Leonel tuviera 6 años y Adán 10, el papá pudiera decir: "Ven, Leonel. Vamos a buscarte otra cosa que hacer". De esta manera se le pone fin a la pelea. No se castiga ni a Adán ni a Leonel.

¿Qué se hace si pelean niños con niñas?

Cuando los niños pelean con las niñas, muchos padres castigan al varón. Esto es injusto, y los niños pudieran tomarlo a mal que los traten así. En cualquier pelea, tanto las niñas como los niños deben experimentar las consecuencias.

¿Qué hacemos si mienten y roban?

Tarde o temprano, la mayoría de los niños dice una mentira. Muchos niños se llevarán algo que no es suyo. Esto no quiere decir que los niños serán mentirosos o ladrones cuando sean mayores. ¿Qué debe usted hacer si su hijo se roba algo o dice una mentira? Los castigos y las recompensas a veces los animan a mentir. Trate el incidente como si fuera cualquier otro mal comportamiento. El niño ha tomado una decisión de mentir o robar. Ahora el niño deberá experimentar las consecuencias.

Dulce estaba sentada en el suelo oyendo una cinta nueva. Su papá le dijo, "No he oído esta cinta antes. ¿Cuándo la compraste?" Dulce murmuró, "Hace un rato". No miró al papá. El papá dijo, "¿Te pasa algo?" Dulce se miró los zapatos. Después de un largo minuto, dijo, "Me la robé". Entonces comenzó a llorar.

Dulce se llevó algo que no le pertenecía. Ella y su papá son dueños del problema los dos.

¿Qué puede hacer el papá?

El papá tiene que seguir hasta el final con una disciplina que tenga sentido. Pudiera llevar a Dulce a la tienda donde se robó la cinta y buscar a la gerente. Dulce tendrá que decirle a la gerente lo que hizo. Tendrá que devolverle la cinta. La gerente también pudiera exigir que Dulce se la pague. Puede que le diga que no se le permitirá entrar más a la tienda. Sea lo que sea que la tienda decida hacer, es una consecuencia que Dulce tiene que aceptar.

Una palabra sobre las mentiras y robos repetidos

Si un niño comienza un patrón de mentir o robar, el problema es más serio. Es sumamente importante buscarle ayuda al niño.

¿Qué hacemos con la violencia?

Estamos rodeados de violencia. La vemos en la televisión. Leemos de la violencia en los periódicos. Muchas personas viven con la violencia en sus hogares. Los padres de familia se preocupan por la violencia. Lo más importante que puede usted hacer referente a la violencia es enseñarle a sus hijos a *vivir sin violencia*.

Decídase a no pegar

Pegar es una forma de violencia. Si los niños ven que sus padres pegan, pudieran aprender que ése es un modo de resolver los

---

Piense en las peleas de los niños

Piense en cuándo sus hijos discuten. Pregúntese:

- **¿Qué hago yo por lo común cuando mis hijos pelean? ¿Ayudo con eso?**

- **¿Qué más pudiera hacer?**

Decida lo que usted va a hacer la próxima vez que sus hijos peleen. No se aparte de su plan.

problemas. Gritar también puede ser violento. Si los niños oyen a sus padres gritar, pudieran pensar que gritando van a conseguir lo que quieren.

Pegar y gritar no ayudan a resolver los problemas. Los empeoran. En la página 78 hay más ideas sobre qué se puede hacer cuando uno tiene ganas de pegar o de gritar.

Los niños muchas veces les llevan la delantera a los padres.

Ponerle límites a la televisión

En la televisión hay muchísima violencia. Si los niños ven televisión a diario, acabarán por pensar que la violencia está bien. Dele a su hijo a escoger entre los programas de televisión que *no sean violentos*. Hable con su hijo de las razones por las cuales le impone esos límites. Vea algunos de los programas usted mismo para decidir los límites. También vea la televisión *con su hijo*. Si hay violencia, hablen a fondo de lo que ven. No pase por alto la violencia; hágale frente. Es una buena manera de empezar a hablar de la violencia.

Tal vez se entere que su hijo quiere hablar con usted. Los niños también se preocupan por la violencia.

¿Y qué decimos de las pandillas?

Zacarías tiene 10 años. Estaba jugando afuera después de la escuela. Unos muchachos mayores que él de una pandilla se le acercaron. Le pidieron a Zacarías que hablara con ellos. Zacarías fue para su casa me lo van a pedir otra vez", les dice Zacarías. "Qué puedo hacer?"

Este es un problema serio. Las pandillas no respetan los derechos de las personas. Alguien puede resultar lesionado. Zacarías es demasiado pequeño para resolver esto solo.

¿Qué pueden hacer la mamá y el papá?

Los padres de Zacarías necesitan escuchar cómo éste se siente. Él necesita saber que ellos lo respaldan. Pero eso no es suficiente. Los padres de Zacarías no pueden hacer que el mundo esté completamente libre de peligros. Hay cosas que pueden hacer para ayudar a Zacarías a evitar las pandillas.

- Pueden decirle a Zacarías que lo que él hizo estuvo bien. Fue una buena decisión no decirles nada a los muchachos grandes y venir para la casa.
- Pueden ayudar a Zacarías a encontrar los lugares más seguros para caminar y jugar.
- Pueden hablar de lo que Zacarías debería hacer la próxima vez. Mientras hablan, pueden pedirle a Zacarías las ideas de él. También le pueden dar a Zacarías las suyas. Puede ser que él tenga muy buenas ideas. También es posible que tenga unas ideas que no son tan buenas. Sus padres necesitan oír ésas también para poderlo ayudar a hacer lo que no sea peligroso.

Los padres de Zacarías también pueden buscar otras maneras de protegerlo.

- Puede haber un programa en la escuela, después de la salida de la escuela, o en un centro comunitario.
- Puede ser que esté abierta una iglesia, sinagoga o mezquita como un lugar seguro donde los niños puedan estudiar y jugar.
- Pudiera haber programas patrocinados por el departamento de la policía.
- Pueden sugerir que Zacarías camine hasta su casa con un grupo de amigos.
- Pudiera haber un grupo de padres de familia que están esforzándose por proteger a sus niños de peligro. Los padres de Zacarías pudieran unirse a un grupo como ése. O también pudieran organizar un grupo parecido.

Cómo ayudar a los niños a evitar las pandillas

Las pandillas son un problema serio. Nadie las puede hacer desaparecer así como así. Como padres, podemos ayudar a nuestros hijos a evitar tener algo que ver con las pandillas.

Tenemos que ayudarlos ahora, cuando son pequeños. Tenemos que ayudarlos antes de que sean grandes y puedan pensar en formar parte de una pandilla. ¿Cómo?

Ayudemos a nuestros hijos a sentirse amados. Cuando alentamos a nuestros niños, los ayudamos a sentirse amados. Cuando aceptamos a nuestros niños, los ayudamos a sentir que los queremos tener con nosotros. Todos necesitamos saber que nos aman. Los niños necesitan sentir este amor cuando son pequeños. Será mucho menos probable que más adelante busquen el amor en una pandilla.

Ayudemos a nuestros hijos a sentirse poderosos. Los niños necesitan sentirse poderosos de alguna manera. Una manera de darles a nuestros hijos control es ofrecerles opciones. Cuando los niños pueden tomar decisiones, sienten el tipo de poder que es bueno. Más adelante, será mucho menos probable que quieran meterse en una pandilla para conseguir poder.

Ayudemos a nuestros hijos a sentir que alguien los necesita. Podemos ayudar a nuestros hijos a saber que son importantes para nosotros. Esto se lo demostramos cuando les preguntamos sus ideas o cuando requerimos que cooperen. También podemos decirles a nuestros hijos lo mucho que su ayuda representa para nosotros. Podemos ayudar a nuestros hijos a sentirse que son importantes para su familia, ahora, cuando son pequeños. Entonces es mucho menos probable que más adelante busquen la "familia" de una pandilla.

¿Qué hacemos frente al problema de las drogas?

Hoy día a menudo hasta los niños de tierna edad de escuela primaria saben de las drogas. Los niños pueden conseguir las drogas de muchas maneras.

- Pueden conseguir cigarrillos y alcohol de los niños mayores. Pueden sacárselos a los padres a hurtadillas. A veces hasta los padres les ofrecen a sus hijos sorbos de vino o de cerveza.
- Pueden tomar medicinas tales como aspirinas o jarabe para la tos en casa.
- Pueden oler pegamento, aguarrás, o pintura en pulverizador en casa.
- Pueden conseguir la marijuana y otras drogas ilícitas de otros niños. Pueden conseguir drogas de vendedores que hacen víctimas de los niños.

Usted no puede garantizar que su hijo no usará drogas. Así y todo, puede hacer muchas cosas para ayudar a su hijo a tomar buenas decisiones. Las habilidades y técnicas que usted ha aprendido en STEP podrán ayudarle con las siguientes indicaciones.

Haga crecer la autoestima de su hijo. Los niños que tienen una buena opinión de sí mismos son más propensos a pensar por sí mismos. Son menos propensos a dejar que los amigos los convenzan a usar drogas.

Enséñele a su hijo a tomar decisiones y a resolver problemas. Los niños que pueden hacer eso son más propensos a pensar en las *consecuencias* de usar drogas.

Aliente la participación en actividades sanas. Los niños pueden participar en actividades escolares tales como deportes o clubes. Su iglesia o centro religioso probablemente ofrece actividades sanas en las que también pueden participar. Mientras sea posible, participe usted como uno de los voluntarios o asista a las actividades. Participen en actividades sanas todos, en familia. Váyanse al parque, planeen una gira campestre, vayan al cine. Hagan algo que todos puedan disfrutar.

Hable acerca de las drogas con su hijo. No dé sermones; conversen nada más. Escuche las ideas y preocupaciones de su hijo referente a las drogas. Conteste las preguntas de su hijo con franqueza.

Conozca a los padres de los amigos de su hijo. Coopere con los demás padres para planear actividades divertidas y sanas que no incluyan las drogas.

Haga que los niños caminen en grupos. Ir y venir de la escuela con amistades ayuda a los niños a resistir a los vendedores de drogas.

Esté alerta a su propio uso de drogas. Las drogas legales, tales como los cigarrillos y el alcohol—hasta las medicinas que se venden sin receta médica—pueden abusarse. Los niños aprenden mucho acerca de las drogas sencillamente observando a sus padres.

Aprenda más sobre este tema

Se han escrito muchos folletos informativos para los padres e hijos acerca de las drogas. La oficina en la escuela de su hijo o hija, o de la jefatura de policía local los puede tener. También puede aprender más llamando al National Clearinghouse for Alcohol and Drug Information (Centro Nacional de Información sobre el Alcohol y las Drogas) al 1-800-729-6686.

Piense con anticipación

Piense en el futuro. Su hijo va a tener que tomar decisiones acerca de muchas cosas. He aquí algunas:

- **el trabajo escolar**
- **las peleas**
- **las amistades**
- **las drogas**
- **el sexo**
- **el cuidado de su cuerpo**

¿Qué pudiera usted hacer para ayudar a su hijo a tomar buenas decisiones sobre estos asuntos?

Usted acaba de dar otro gran paso

En el Capítulo 7, usted ha visto que puede usar sus habilidades y técnicas de STEP de muchas maneras distintas. A lo largo de STEP, usted ha aprendido muchos modos de ayudar a su hijo a ser responsable y a cooperar. Usted ayuda:

- demostrando respeto a su hijo y usted mismo
- entendiendo las metas del comportamiento de su hijo
- cambiando su manera de reaccionar
- requiriendo la cooperación
- alentando a su hijo o hija
- escuchando y hablando de los sentimientos
- poniendo límites y ofreciendo opciones
- trabajando juntos para resolver problemas

Todas estas habilidades y técnicas requieren práctica. Siga con el proceso. Tenga paciencia con usted mismo y con su hijo. Cuando tengan problemas, piense otra vez en sus metas como padre o madre:

- **criar a un hijo feliz, sano, seguro de sí mismo, responsable y que sepa cooperar con los demás**
- **formar una relación fuerte con su hijo que dure toda la vida**
- **ayudar a su hijo a hacerse una persona mayor responsable**
- **criar a un hijo que es amado y capaz de amar**

¿Qué viene después?

¡El próximo paso lo decidirá usted! Tiene usted muchos nuevos conocimientos y habilidades. Practique y utilice estas habilidades nuevas para ayudar a su hijo a ser responsable e independiente. Siga alentando y ayudando a su hijo, a usted mismo, y a su familia. Más que todo, disfrute de su relación con su hijo.

Un paso de aliento
STEP

Ponga toda su atención en los sentimientos de su hijo. Trate de entender los sentimientos tan completamente como pueda. Demuestre que comprende. Para ayudarse, haga lo siguiente:

- **Note las palabras, el tono de voz, y los gestos.**

- **Piense en lo que su hijo siente y cree.**

- **Escuche reflexivamente.**

- **Manténgase en el tema que expone su hijo. Responda solamente a lo que diga su hijo.**

- **Vea la situación desde el punto de vista de su hijo.**

Tan a menudo como le sea posible, dedique tiempo para escuchar de esta manera. Así le demuestra a su hijo que le importa y que lo comprende.

SÓLO PARA USTED

Reconozca sus logros

Haber terminado un libro o curso para padres de familia es un éxito. Es una indicación de que usted es capaz de examinar ideas nuevas y que está dispuesto a ayudarse para crecer.

- ¿Qué hay de nuevo, distinto, y bueno en su familia actualmente?

- ¿Qué le gustaría ver para sus hijos dentro de un año, de cinco, y de diez?

- ¿Cómo pueden las ideas en este libro, y sus propias habilidades, ayudarlo a usted y a sus hijos en su vivir?

Recuerde que es fácil poner nuestra atención en lo que todavía no hemos logrado. Es más importante saber lo que *ya hemos logrado.*

Para su *Familia*

Sigan teniendo reuniones con regularidad. En la próxima reunión:

- **Hablen de los acuerdos que han hecho.**

- **Trabajen juntos para resolver problemas.**

- **Hagan planes juntos.**

- **Deje hablar a sus hijos. Añada sus ideas poquito a poco.**

- **¡Diviértanse!**

Recuerde, todos los miembros de la familia necesitan sentir que sus ideas son importantes.

PUNTOS PARA RECORDAR

1. La técnica que usted use con su hijo depende de lo que está pasando.

2. Para decidir qué hacer, pregúntese quién es el dueño del problema, cuál es el propósito de usted, y cómo puede ayudar más.

3. Con el trabajo escolar, el deber de usted es ayudar a su hijo a estar listo y preparado para aprender. Hágalo por medio de:
   * preparar el ambiente
   * evitar las recompensas y los castigos
   * dejar que su hijo sea el responsable
   * darle aliento

4. A no ser que el problema sea serio, permita que su hijo experimente las consecuencias de no comer.

5. Requiera que sus hijos se lleven bien y que resuelvan juntos los problemas entre sí. Intervenga solamente si le pudieran hacer daño a alguien.

6. Si su hijo dice mentiras o roba, siga hasta el final con las consecuencias.

7. Para apoyar el no usar violencia, decida no pegar, y ponga límites a los programas violentos de televisión.

8. Para ayudar a su hijo a evitar las pandillas, ponga sus esfuerzos en que su hijo sepa que es amado, que tiene poder, y que lo necesitan.

9. Para ayudar a su hijo a tomar buenas decisiones sobre las drogas:
   * Haga crecer la autoestima de su hijo.
   * Enseñe a su hijo a tomar decisiones.
   * Hable con su hijo de las drogas.
   * Conozca a los amigos de su hijo y a sus padres.
   * Esté alerta a su propio uso de las drogas.
   * Aliente la participación en actividades sanas.
   * Haga que los niños caminen en grupos.

10. Usted no puede garantizar la seguridad de su hijo. Use sus habilidades y técnicas STEP para ayudar a su hijo a evitar problemas serios y a tomar buenas decisiones.

Tabla 7

PASOS PARA DECIDIR QUÉ HACER

1. **Identifique la meta del mal comportamiento**
   Note tres cosas:
   - Cómo se siente usted
   - Lo que hace usted
   - Cómo reacciona su hijo

2. **Decida quién es el dueño del problema**
   Pregúntese:
   - ¿Es que no se están respetando mis derechos?
   - ¿Pudiera resultar en daño para alguien?
   - ¿Está en peligro la propiedad de alguien?
   - ¿Es demasiado pequeño mi hijo para hacerse responsable de este problema?

3. **Examine sus propósitos**
   Pregúntese:
   - ¿Quiero dar atención? ¿O ayudar a mi hijo a ser autosuficiente?
   - ¿Quiero enseñarle quién manda? ¿O ayudarle a ser independiente y responsable?
   - ¿Quiero vengarme? ¿O mostrarle que lo comprendo?
   - ¿Quiero dejarle pasar la ofensa a mi hijo? ¿O quiero ayudarlo a tener confianza en sí mismo?

4. **Elija un método**
   Use uno, o combine los métodos:
   - No haga caso del mal comportamiento si eso ayudará a su hijo a cooperar.
   - Escuche reflexivamente.
   - Use mensajes en yo para decir cómo se siente.
   - No castigue. Ofrezca opciones y deje que su hijo experimente las consecuencias.
   - Exploren las alternativas.

5. **Siga alentando a su hijo y a usted mismo**
   Para ayudar a su hijo:
   - Use palabras de aliento, no de elogio.
   - Ame y acepte a su hijo.
   - Tenga fe en su hijo.
   - Aprecie a su hijo.
   - Note cuando su hijo hace un esfuerzo o mejora.

   Para ayudarse usted mismo:
   - Tenga paciencia consigo mismo.
   - Acuérdese que su hijo no es usted.
   - Fíjese metas palpables.
   - Emplee autoconversación positiva.
   - Sea tan saludable como pueda.
   - Mantenga su sentido del humor.
   - Tenga el coraje de ser imperfecto.

   Para ayudar a su familia:
   - Trátense con respeto.
   - Requiera cooperación.
   - Usen las reuniones familiares para resolver problemas y para divertirse.

ÍNDICE

ÍNDICE